FREDDIE MERCURY

T0307517

Redbook

FREDDIE MERCURY

Traducción de Núria Pujol i Valls

MA NON TROPPO

Compaginación interior: David Saavedra

Compaginación cubierta: Regina Richling

ISBN: 978-84-948799-5-1

Depósito legal: B-22.629-2018

Impreso por Sagrafic, Passatge Carsi 6, 08025 Barcelona

Impreso en España - *Printed in Spain*

FREDDIE MERCURY

Artista poliédrico y experimentador indómito, dividido entre la introspección y el deseo de aparecer en público, Freddie Mercury, según Mick Jagger, fue el mejor intérprete de la historia del rock. E indiscutiblemente, sigue siendo uno de los grandes mitos del pop.
Junto a Queen, dio vida a una mezcla muy original de distintos géneros, que unidos formaron algo insólito en la historia de la música. Transcurridos 45 años desde su creación, Queen han vendido unos 250 millones de discos y se han convertido en el grupo que ha generado más coleccionistas de todos los tiempos, por encima de los Beatles y de los Stones.
Este libro analiza de manera puntual y apasionada los momentos cruciales de la vida de Freddie, desde su exótica infancia entre Zanzíbar y la India, hasta desembarcar en el Reino Unido donde conseguirá fama y gloria eterna. Desde el encuentro con sus compañeros Brian May y Roger Taylor y la formación de Queen, al éxito planetario con la creación de *Bohemian Rhapsody*. Y a las decenas de cambios estilísticos y estéticos que lo convirtieron en una de las figuras más icónicas de los años ochenta.
Hasta aquel triste 24 de noviembre de 1991, cuando al final de una extenuante lucha contra el VIH, murió en su querida casa londinense, contribuyendo asimismo de manera fundamental a la batalla contra la enfermedad.

SUMARIO

PREFACIO

de Cesare Cremonini

Basta con pensarlo. Cierro los ojos un instante y te imagino, Farrokh Bulsara, apenas cumplidos setenta años, bien vestido, caminando despacio por las calles de Londres, o entre los tenderetes concurridos de alguna metrópolis asiática. Con o sin el bigote canoso, con la mirada más frágil y dulcificada por el tiempo cruel, pero dispuesta a admirarse de improviso y a quedarse prendada de la belleza de una obra de arte, de la invisible ligereza de un jarrón japonés expuesto en una galería, ante la tela de un pintor italiano en una casa de subastas. Una caricia fugaz a un gato que huye, una reverencia real ante las fresas del jardín para oler su perfume, una palabra susurrada a tu compañero, una carcajada súbita. No cualquier carcajada sino la tuya. Cubierta con timidez con la palma de la mano, para ocultar los dientes rebeldes, en un instante de paz. Basta con pensarlo y te puedo admirar, sentado frente al piano que colocaste junto a la cama, con la espalda encorvada y los dedos alargados sobre las teclas, mientras acompañabas con un canto angelical aquel puñado de notas llovidas de quién sabe dónde, poco antes de acostarte. Te veo apoyar la cabeza sobre la almohada de seda, atrapando el sueño entre los recovecos de la memoria, aún dispuesto a interpretar, hasta el último suspiro, con gratitud, los matices de la vida. Si esta fantasía mía fuera verdad, Freddie, no habrías cambiado. Mis ojos se abren de nuevo, aunque yo no quiera, y siguen buscándote a mi alrededor. Ahí estás, en mi antebrazo, donde dibujé tu cara bajo mi piel. Seguramente no lo habrás percibido desde allí arriba, pero el tatuaje que llevo en mi brazo izquierdo muestra tu rostro, intenso y orgulloso, mientras observas una vez más al público del estadio de Wembley, reunido para admirarte durante el Magic Tour de 1986. Millares y millares de ojos lúcidos que te veneraban, extasiados, sobre las gloriosas notas de *God Save The Queen*, siguiéndote hasta el último paso que diste sobre ese escenario. Tus imágenes con la corona y el manto siguen aquí, recordándome cada día la elección que hice cuando, aún joven e inexperto, me prometí soñar a lo grande con la música.

¡Ah, claro, tú no lo sabes! ¿O quizás sí? Aquel chico delgaducho y huesudo que te escuchaba a todas horas, de día y de noche, que abría emocionado las fundas de los discos comprados de uno en uno, con anhelo, hoy ha crecido. Es el mismo que, siendo un niño, obsesionado con tu voz, instó descarado a su profesora de piano a que interrumpiera sus aburridas clases de solfeo y estudiara tus canciones. Hoy aquel joven ya es un hombre, ha hecho realidad su mayor sueño, aquel que tú, sin saberlo, habías contribuido a insertar en su corazón: vivir de escribir canciones, como hacías tú, sentado al piano. Algo de ti sobrevive en cada uno de sus gestos, en cada nota y en cada palabra con que se expresa. Querido Freddie, de vez en cuando me sorprendo, encantado, al pensar que, si aún estuvieras aquí, el mundo de la música sería un lugar mejor en que vivir. Ya sé que a ti los asuntos del negocio de la música de hoy en día no te habrían gustado: no te veo con la corona herrumbrosa, yonki de las redes sociales, preocupado por los *like* en

Facebook o las visualizaciones poco remuneradas de YouTube. No consigo imaginarte con aires de superestrella cuyo entretenimiento consiste en la cosmética y el calzado, como pasa con tantos de tus colegas que se han convertido, con los años, en emprendedores de profesión y artistas por pasatiempo. No sé si habrías aceptado el papel de "abuelo del rock", en lugar del de "prostituta del rock", o si te hubieras sentado en la mesa de los jueces de un *talent show*.

O, peor aún, canguro de estrellas de un público incomprendido e incomprensible. Te hubieras revelado ante la idea de tener que poner buena cara al juego maléfico con el público, de hacerle objeto del morbo del cotilleo de nuestro tiempo, popular y cínico como nunca. Habrías protegido más todavía tu privacidad, que para ti lo era todo, pues mil veces dijiste que es en el escenario donde se debe uno mostrar, para impresionar, para arrastrar, para que le amen. No entre las paredes de su casa. Tú, que a los chicos y chicas que llenaban tus primeros conciertos les ofrecías champán francés y "un poco de estilo", no habrías podido soportar a los periodistas que, como mosquitos fastidiosos, te habrían acribillado a preguntas cretinas e inoportunas, tal vez para que te derrotaran en las listas de ventas un par de dj desharrapados, que hoy reciben el trato

de grandes estrellas de rock. Quién sabe si te habrías esforzado por interactuar con este mundo en "evolución" aunque, ¿a qué precio para tu historia? ¿Con qué cara?

¿Sabes? A veces sacudo la cabeza y, como si quisiera protegerte, me descubro pensando, por un momento: mejor así, Freddie. Mejor no saber cómo habrías utilizado el Snapchat, con quién hubieras colaborado en tu larga carrera, qué imagen habrías escogido para promocionar las zapatillas deportivas que llevan tu nombre.

Después, ese pensamiento, como tantos otros, se desvanece turbado por el rumor de un televisor que he dejado encendido para adormilarme, o por el repiqueteo de la lluvia en el cristal del coche, sobre el fondo de las impertinentes bocinas de una mañana frenética en la ciudad. Se disuelve esta prisa por vivir que nos impone el tiempo, tan raudo. Ya te habrás dado cuenta, desde allí arriba. Aquí abajo estamos cruzando una época extraordinaria y dificilísima a la vez. Las canciones que suenan en nuestras calles son confusas, sentimentales, pero no poéticas, son profundas y asimismo cínicas, moralistas e hipócritas. Tienen un ritmo frenético e inaprensible, pero ya no son rock'n'roll. Yo, lo digo con una sonrisa torcida, creo que no te habrían gustado. Me pregunto a menudo qué letras hubieras escrito y qué melodías hubieras cantado en estos días complejos. ¿Con qué rimas, qué acordes, qué tonalidad las habrías interpretado? ¿Alguna vez pensaste, mientras la escribías, que una canción era demasiado pequeña para contenerlo todo? Yo sí y, cuando me pasa, sé qué escuchar. Lo que siento se parece a aquel revoltillo de vocalizaciones y gorgoritos con que te deleitabas a mitad de tus conciertos, cuando, improvisando libremente con tu voz y el piano, se escapaban de tu garganta agudos angelicales, inalcanzables, líricos, que se mezclaban con las notas más profundas de tu alma, con algo sensual y animal. Contrastes marcados, insólitos y originalísimos, como solo tu sabías combinar a la perfección. Cómo quisiera, yo también, igual que hacías tú, con la misma ligereza en las cuerdas vocales, contener todas las diferencias y la unicidad que hallamos a lo largo del camino. Para poder cantarlas, para no dejar escapar ningún matiz de lo que nos ha sido concedido sentir viviendo. Solías decir a quien te preguntaba por el contenido sentimental de algunas de tus creaciones: "Hay tantos matices del amor de los que hablar..." Como quisiera sintonizar yo también con la perfección de todo lo que siento. El mayor riesgo que corremos, si perdemos el contacto con lo que llevamos dentro, es el de convertirnos en artistas o seres mudos. No te rías de mí. Es verdad. El tiempo ha pasado veloz desde que tú no estás, pero la historia no ha cambiado. El mundo está en manos de quien se arriesga. Lo creas o no, sigues siendo fuente de inspiración para millones de chicos que, como yo, intentan escalar la cumbre, contando quiénes son con sus propias voces. Mientras tanto, Queen se ha convertido en la realidad musical que ha vendido más discos en la larga y floreciente historia del pop británico, superando cualquier obstáculo, cualquier moda, cualquier generación durante cuatro décadas. Creo que este, entre todos los que cosechaste, es el éxito que más te habría gustado. El espectáculo ha continuado. Ahora estaría bien una de esas desapariciones tuyas que tanto te gustaban, que te desplazaban y te devolvían a la Tierra en un segundo, junto a un sustancioso sorbo de cerveza, claro está. A un palmo de la cortina de seda. "¿Pensabais libraros tan fácilmente de nosotros, queridos?".

No, *my dear*. La verdad, Freddie, es que voces y canciones como las baladas que escribiste, las necesitamos hoy más que nunca. Siempre echaremos de menos tu sensibilidad y tu inspiración, y conservaremos aquel toque de locura que hicimos nuestro adorando tu manera de ser artista. Pero nunca dejaremos de cantar tus canciones. Me basta con pensarlo, Freddie, y vuelvo a verte con el pie de micro y el micrófono, charlando con tu público, desafiándolo a una competición de vocalizaciones. Había intercambios entre tú y nosotros, que lograban hacernos creer, aunque fuera por un segundo, que éramos parte de tu show. A todos los efectos, tú ya lo dijiste todo. Pero todavía debe suceder algo, Freddie.

El espectáculo debe continuar. Adiós Farrokh. Cantante de canciones.

Cesare

A mi padre y a Carolina, *Love Of My Life*.

UN INDIO TANZANO EN LONDRES

Los orígenes multiculturales de un mito. El nacimiento en Zanzíbar y el peregrinaje por la India para recibir una educación adecuada. El sueño de alcanzar tierras lejanas en las que realizar sus sueños y convertirse en una leyenda. Una infancia aventurera y emocionante pero muy dura, que marcó profundamente el carácter de Freddie y de que la siempre habló con reticencia.

La mañana del 5 de septiembre de 1946 lucía un sol espléndido en Zanzíbar. Su antiquísimo puerto mercantil bullía de actividad y los niños aprendían a nadar en las límpidas aguas del océano Índico. Sin embargo, nadie podía imaginar que aquel mismo día, en el Government Hospital de Stone Town, vino a luz el que cuarenta años después sería definido por Mick Jagger como "el mejor intérprete de la historia del rock".

Sin saberlo, aquel punto minúsculo y misterioso en medio del mar, cuya fama se alimentaba de historias de harenes, intrigas cortesanas e invasiones extranjeras, iba a transformarse en uno de los lugares sagrados de la cultura rock anglosajona: ahí se disponía a dar sus primeros pasos el líder conocido en el mundo entero como Freddie Mercury, la voz de Queen.

> "Se puede ser todo lo que uno quiera, basta con transformarse en todo lo que pensamos poder ser"
> **FREDDIE MERCURY**

Sus padres, Jer y Bomi Bulsara, eran originarios de la provincia de Mumbai, en aquel tiempo aún Bombay, ambos de cultura parsi, los verdaderos seguidores del zoroastrismo (fe monoteísta surgida en Persia en el siglo VI a.C.). El hecho de que su primogénito naciera el día de fin de año zoroástrico se consideró señal inequívoca de la bendición divina sobre el niño. Cuando llegó el momento de darle nombre no había mucho donde escoger. Bomi había nacido y crecido en Bulsar (lugar del que derivaba su apellido) y entre los dogmas de su religión constaba uno relativo al nombre de los hijos, por lo que el abanico de posibilidades quedaba restringido. Entre los posibles, Farrokh fue la opción que eligieron los padres. Como todos sus hermanos, mayores y menores, Bomi llegó a Zanzíbar desde la India buscando trabajo. Se empleó en los tribunales, como cajero de las dependencias del gobierno británico. Cuando vio por primera vez el lugar que durante muchos años llamaría "casa", no llevaba alianza de casado. Durante una visita a su patria conoció a Jer y decidió llevarla al altar, para regresar con ella a Zanzíbar y vivir de las rentas que les reportaba su trabajo. En realidad, los Bulsara llevaban una vida agitada y muy activa, basada en un profundo respeto por las tradiciones religiosas propias, pero en absoluto de perfil bajo. Un estilo de vida que, en varias ocasiones, en el futuro, Mercury definiría como el propio de alta burguesía. Podían permitirse tener servicio y al pequeño Farrokh le seguía una niñera que ayudaba a Jer, que en aquel entonces no era más que una muchachita. El crío llevaba una existencia despreocupada, corriendo por habitaciones que conservaban el rastro de siglos de invasiones y culturas distintas, contemplando el horizonte de la playa, fantaseando sobre mundos lejanos, huyendo de la realidad. La vida de los Bulsara transcurría serenamente, y a los siete años el pequeño Farrokh se tuvo que hacer cargo de la llegada de su hermanita Kashmira e, inevitablemente, compartir el amor de sus

Farrokh, a los pocos meses, junto a mamá Jer

padres con ella. Su temperamento esquivo y marcado por una timidez extrema, evidente para familiares y amigos desde sus primeros años, no le ayudó a elaborar la llegada de un nuevo miembro de la familia, aunque el amor que sentía por su hermana fue sincero desde el principio. Su destronamiento como hijo único fue el primero de una larga serie de distanciamientos respecto de sus padres que, hasta ese momento, habían sido su única guía. Probablemente fue en esta etapa de su vida cuando apareció su rígido sistema de autodefensa, que se consolidó en la edad adulta y le instó a llevar constantemente una máscara que le protegía de sus propios sentimientos. Esta notable sensibilidad se manifestaba también en otros ámbitos. Con todo, y mientras los padres seguían practicando el zoroastrismo, Farrokh frecuentaba una escuela de monjas anglicanas donde, muy pronto, surgió su inclinación por las artes en toda su exuberancia.

Además de un talento natural para la música, alimentado con las rudimentarias lecciones de piano que le impartía su madre, el niño manifestó precoces dotes de diseñador, así como un interés y curiosidad por el mundo del espectáculo y las artes, que lo proyectaban más allá de los límites que imponía la isla donde había nacido. Además era un lector asi-

El pequeño Farrokh ataviado con la ropa típica de Zanzíbar y con su hermana Kashmira

El hospital donde nació Farrokh Bulsara, el 5 de septiembre de 1946

duo de revistas de espectáculos que eran para él como puertas a un mundo que solo podía imaginar, pero por el que sentía una atracción innata e irracional. El increíble deseo de visitar lugares lejanos y el contacto con la mezcla de culturas tan heterogéneas hicieron que el pequeño Farrokh se convirtiera en un diletante musical sin límites ni restricciones: podía pasar sin prejuicio alguno de la música popular india a la tanzana, y luego al rock'n'roll que estaba empezando a revolucionar el mundo occidental (y que llegaba con cuentagotas a Tanzania).

“Escuchaba varios tipos de música”, ha contado la madre, Jer, “música india, africana e inglesa: ponía un disco y empezaba a cantar. Tenía gustos musicales muy variados. Cuando íbamos a las fiestas y recepciones, no paraba de cantar y decir lo mucho que le gustaba entretener a los demás y hacerles sentir bien. Y lo repitió miles de veces, una vez que se hizo famoso”.

Estilizado y ágil, no le costó destacar en los deportes y en las pruebas de coordinación, que ya señalaban una predisposición por los ejercicios gimnásticos y la danza. Además de esforzarse en los estudios, Farrokh seguía pasando las horas muertas en el puerto de Stone Town, imaginando cómo podría ser su vida más allá del horizonte que dibujaba el océano. Fue en ese periodo cuando su fantasía ingobernable empezó a imaginar con creciente insistencia aquellos mundos fantásticos, ricos en personajes dignos de los libros de Tolkien que, años después, poblaron los textos de los primeros álbumes de Queen. En verano de 1954, su sueño de visitar tierras distantes de aquella orilla se hizo realidad, aunque no del modo en que lo había imaginado. En realidad, sus padres decidieron mandarlo a estudiar a la India, y lo inscribieron en el colegio anglicano St. Peter's School de Panchgani, donde le admitieron en el tercer curso. Así, con solo siete años, Farrokh partió en soledad hacia un viaje épico a través de un amplio tramo del océano, dejando tras de sí todo cuanto le era familiar y obligado a prescindir del afecto directo de sus devotos padres. Al cabo de ocho interminables semanas llegó a Bombay, el puerto del noroeste de la India que sus mismos antepasados habían ayudado a construir. El choque inicial con el continente fue de los que resultan trascendentales: en los dos primeros meses, que transcurrieron en condiciones dificilísimas para un niño de esa edad, Farrokh se vio catapultado a una ciudad de 16.000.000 de habitantes, después de haber pasado la primera parte de su vida en una minúscula comunidad a la que las noticias del mundo llegaban con meses de retraso. Además, aunque movido por una increíble curiosidad y muy expectante ante lo que le esperaba, albergaba también un comprensible miedo hacia lo desconocido. Su viaje, sin embargo, no había terminado: para llegar a Puna, penúltima etapa antes de Panchgani, tuvo que recorrer un centenar de kilómetros en tren. Un último transporte, esta vez un autobús, le llevó hasta casi 1.500 metros de altura sobre el nivel del mar, el lugar donde pasaría los siguientes ocho años de su vida.

En la India, Farrokh se enfrentó por primera vez a la inmensa pobreza del continente (opuesta a la holgura en la que él había vivido), mezclada con la tristeza que comportaba saber que, para obtener una enseñanza superior, había tenido que abandonar a su familia y a su hermana menor hacia quien sentía, una vez superados los inevitables celos iniciales, un sentimiento protector. "Él tenía seis años cuando nací, por lo que no recuerdo el tiempo previo a su partida. Me contaban que lo primero que pensaba al despertarse cada día era protegerme", recuerda Kashmira emocionada. "Esperar que llegara y verlo bajar de la barca, en las pocas ocasiones en que regresó de vacaciones, son algunos de los momentos que recuerdo con más afecto de mi infancia".

"EN EL INTERNADO APRENDES A CUIDAR DE TI MISMO Y ESA EXPERIENCIA ME ENSEÑÓ A ACEPTAR MIS RESPONSABILIDADES"

Algunos parientes de sus padres lo ayudaron a superar todos esos cambios y a realizar los trámites de su ingreso en la escuela. Se convirtieron así en lo más parecido a una familia para él, y con ellos pasó los veranos en que decidía no volver a Zanzíbar.

En sus buenos tiempos, el St. Peter se consideraba uno de los mejores colegios masculinos de la ciudad y, ya fuera por la severidad que educaban a sus pupilos o por su ideario vanguardista, atraía estudiantes incluso de Estados Unidos o de Canadá. Por lo demás, y pese a sus férreas reglas, el instituto era famoso por la valía de sus

LAS DIFÍCILES RELACIONES CON SUS ORÍGENES
ZANZÍBAR Y BOMBAY

Durante muchos años, los orígenes y la infancia de Freddie Mercury estuvieron rodeados de un halo de incertidumbre que ha alimentado, más si cabe, el mito. Un misterio tan fascinante como los lugares donde había dado sus primeros pasos una de las figuras claves del rock de los setenta y ochenta. La misma timidez del cantante en sus primeros años en Zanzíbar y después en Bombay prendió un fuego que solo ha empezado a apagarse en los inicios del nuevo milenio, cuando una serie de iniciativas de sus familiares nos permitieron conocer detalles que habían suscitado grandes controversias entre los fans y los seguidores de su obra.

En el fondo, es complicado comprender la dificultad del artista a la hora de hacer públicas ciertas noticias, por más que una de las causas probablemente sea el miedo de que le identificaran en exceso con lugares y tradiciones contra las que Freddie se opuso constantemente. Y que, además, temía que pudieran resultar menos fascinantes que las de los colegas procedentes de los Estados Unidos o del Swinging London. Tal vez, simplemente, le asustara que la época en que vivía aún no estuviera preparada para idolatrar

docentes. La atención que los estudiantes recibían individualmente tenía prestigio en toda la India, mientras que el ambiente relajado y cordial favorecía el desarrollo de las capacidades de los muchachos, a quienes se estimulaba a seguir sus inclinaciones personales. La idea de que los jóvenes debían dedicar más tiempo a lo que les atrae era un aspecto fundamental de la educación y, a posteriori, es evidente su influencia en el futuro del joven Farrokh. No sorprende, pues, que los Bulsara, deseosos de darle lo mejor a su primogénito, pensaran que aquel era el lugar apropiado para que se formara, aunque estuviera tan lejos de casa.

El 14 de febrero de 1955, con ocho años y medio, el nombre de Farrokh Bulsara comparece por primera vez en los registros de la escuela, señalando el inicio de una trayectoria que no concluiría hasta pasada una década. Su adaptación no fue todo lo sencilla que cabía esperar a una estrella del rock de cultura africana o india, aspectos que, por lo demás, influyeron decisivamente en su idea del arte y del espectáculo. En realidad, nunca nadie había buscado con tanta insistencia la fusión de estilos y artes. Quizás este sea el aspecto en el que su legado cultural ha dado sus mayores frutos. Si se analizan sus textos, desde los más puramente lúdicos a los más introspectivos y autobiográficos, las referencias directas a sus orígenes son prácticamente inexistentes (a excepción de la estrambótica "Mustapha", pieza de obertura del álbum *Jazz*, en cuyo texto sin sentido mezclaba varias de las lenguas de su pasado). Lo mismo cabe decir de los muchos años que pasó en India y que, probablemente, fueran los que alimentaban más su amargura. Al mismo tiempo, los lugares donde nació nunca se han prestado a celebrar su grandeza: una tarjeta anónima depositada en casa de su familia y algunas informaciones aproximadas en las guías turísticas demuestran que, aún hoy, para un país donde la homosexualidad hasta hace poco era considerada un delito, haber dado a luz a un personaje recordado también por su libertad sexual sigue siendo incómodo. "¿Zanzíbar? Bueno... nací ahí. Estuve tres o cuatro años y luego me marché a Inglaterra" repetía a menudo, como un mantra, durante las entrevistas de principios de los años setenta. "Allá no hay mucho que hacer."

Declaraciones lacónicas (y parciales) para ser completamente sinceras y que, probablemente, servían para aplacar los remolinos sentimentales que levantaban estos recuerdos. Su pasado isleño fue, efectivamente, uno de los pocos periodos de su existencia en que se sintió realmente libre de ser él mismo.

de una institución conocida por su tolerancia para con todas las religiones. En realidad, la escuela obligaba a sus alumnos a adecuarse a la religión anglicana, a prescindir del propio credo, al menos en lo relativo a las ceremonias y los hábitos que el culto imponía respetar. El pequeño Farrokh, zoroástrico practicante como su familia, se halló inicialmente con la dificultad de comprender las ceremonias en las que le obligaban a participar y que, para él, no tenían ningún significado. Sin embargo, comprendió rápidamente que adecuarse a aquellas reglas no le hacía menos fiel a sus orígenes. Por otra parte, el Avesta, el libro sagrado de las religiones parsi, no indicaba preceptos férreos a los que atenerse. Solo afirmaba que había tres acciones que estaba bien cumplir a lo largo de la vida: buenos pensamientos, buenas palabras y buenas obras. Preceptos que, al menos en esta parte de su vida, a un niño nunca le están de más.

Había algo que impresionaba particularmente a Farrokh cada vez que entraba en el aula y que estimulaba su fantasía: el ave fénix que destacaba en el escudo oficial de la escuela. Símbolo de esperanza y renacimiento, el animal mitológico se convirtió pronto en su asidero. Al fin y al cabo, él, a tan temprana edad, ya había tenido que recomenzar de cero y confiar tan solo en su propia capacidad de aceptación para enfrentarse a los desafíos que le suponía su nuevo entorno. No es de extrañar que, años después, el ave fénix fuera el elemento principal del emblema de los Queen, ideado y diseñado por el mismo Freddie.

En Panchgani se empezó a forjar de veras la personalidad y el carácter de Farrokh, así como las actitudes e inclinaciones que ya había mostrado en Zanzíbar. Además de confirmar un destacado talento artístico, pues resultó ser un excelente dibujante a mano alzada. El muchacho practicaba algunos deportes a gran nivel, era un hábil velocista y un púgil valiente.

"Si tienes que hacer algo, hazlo con estilo"

FREDDIE MERCURY

También destacaba en el hockey sobre hierba, y sobre todo en el tenis de mesa. Asimismo, le encantaban las representaciones teatrales, en las que siempre le gustaba interpretar papeles femeninos. Lo hacía todo a la vez, especialmente hasta los 13 años, y sin abandonar en ningún momento los estudios. En más de una ocasión le premiaron como mejor alumno y por haber obtenido los mejores resultados de toda la escuela. Pero, aunque incentivara sus inclinaciones naturales, su madre Jer no veía con buenos ojos que su hijo pasara mucho tiempo sobre un ring, por lo que intentó disuadirlo de seguir practicando boxeo. Afortunadamente, lo que no pretendió fue cortarle las alas respecto de otra actividad por la que se mostraba realmente atraído: la música. Aquella mujer era perfectamente consciente del sufrimiento que le había causado al niño el alejamiento

Los primeros trofeos deportivos de su vida y el emblema de la St. Peter's School

El joven Farrokh posa para una foto académica

de su hogar, y sabía que la música podía ayudarle mucho desde el punto de vista psicológico. A pesar de los enormes esfuerzos económicos que estaban realizando ya manteniéndole en esa institución, los Bulsara decidieron afrontar algunos más costeándole lecciones privadas de piano. Lo consiguió la amplitud de miras del director Oswald D. Bason quien, habiendo percibido el talento extraordinario de su joven alumno, escribió una carta tan convincente a sus familiares que, al cabo de poco tiempo, Farrokh pudo ingresar en tercer grado de piano. Su condición de músico fue la recompensa a la confianza y los desvelos de sus padres, y de su superior académico.

También fue en esta época cuando todos empezaron a llamarle Freddie. En los documentos oficiales, Farrokh acostumbraba a estar mal escrito, y además era difícil de pronunciar. Por más que su nombre de bautismo fuera sagrado, el muchacho aceptó entusiasmado que el personal

5 SEPTIEMBRE 1946
Farrokh Bulsara nace en el Governement Hospital de Stone Town, barrio residencial de Zanzíbar.

OTOÑO 1951
Matriculan a Farrokh en la escuela de misioneros de Zanzíbar.

1952
Nace su hermana Kashmira.

VERANO 1954
Farrokh parte a la India, residirá en los alrededores de Bombay.

14 FEBRERO 1955
Su nombre aparece en los registros de la St.Peter's School de Panchgani.

ABRIL 1958
Se forman los Hectics, su primer grupo. Freddie toca el piano.

SEPTIEMBRE 1958
Recibe el premio al mejor alumno de la St.Peter's School.

OCTUBRE 1963
Farrokh regresa definitivamente de la India a Zanzíbar.

La canción

SEVEN SEAS OF RHYE

Mercury no acostumbraba a puntear el texto de las canciones con elementos autobiográficos y prefería las composiciones menos personales. O las que se referían a él a través de imágenes y alegorías aparentemente indirectas.

Siempre tan reservado, Freddie fue hasta el final de sus días muy celoso de los significados ocultos en sus canciones, máxime de las que habrían podido revelar aspectos de su vida privada. Tal vez por eso insistía en que no era un autor comprometido, en que sus temas no eran más que materiales de usar y tirar, que no había que examinar con microscopio: "Detesto la pretensión de analizar mis canciones en todos sus detalles. Mis textos los interpreta únicamente quien los escucha. De algunos fragmentos digo cuanto puedo, pero al final no me gusta desmontarlos, no los analizo ni yo: los canto y basta. Los escribo, los grabo, los produzco y luego es cosa de quien compra los discos decidir qué es lo que sienten. De otro modo, estropearía el aura de misterio que tal vez contengan mis canciones. Y eso lo detesto".

Considerando las complicadas relaciones que mantenía con sus exóticos orígenes, es más difícil si cabe encontrar rastros de la infancia de Mercury en los temas de Queen. Si excluimos la estrambótica "Mustapha", enloquecida obertura del álbum *Jazz*, la única composición en la que parece rememorar sus años en Zanzíbar es "Seven Seas Of Rhye", con la que concluye *Queen II* (1974).

En opinión de algunos, el primer éxito de Queen constituía una tentativa inconsciente del autor para hacer las paces con su pasado. Los siete mares de Rhye de la canción no eran sino un reino fantástico, evocador de los mundos imaginarios de Tolkien, que Freddie había creado con su hermana Kashmira en los ratos transcurridos a orillas del mar de

Zanzíbar, cuando el futuro líder de Queen regresaba a casa durante las vacaciones veraniegas. Los relatos de sus misteriosos orígenes persas con los que crecieron, unidos a los de los mitológicos viajes del profeta Zaratustra (que el joven Farrokh emuló hasta llegar a la India), habían alimentado un universo que los hermanos utilizaban para evadirse de la realidad y vivir aventuras extraordinarias. El mismo final de la canción, encadenado con la antigua canción popular británica *I Do Like To Be Beside The Seaside* (literalmente, "Me gusta estar junto a la orilla de la playa"), parece confirmar la posibilidad de que se inspirara en los años africanos del artista. Mercury le dispensaba un trato especial a esa canción. Se advierte en el hecho de que insertó obsesivamente fragmentos de esa pieza en al menos otros cuatro temas del Queen inglés, además del álbum de debut, donde una versión apenas apuntada y sin texto de la canción daba punto final al disco y donde el mismo reino de Rhye era la ambientación de *My Fair King*. Por no hablar de *Sheer Heart Attack* (1974), tercer trabajo del grupo, que empezaba con un hombre intentando silbarla y reaparecía en *Lily Of The Valley* (en los versos: *Messenger from Seven Seas has flown/ To tell the King of Rhye he's lost his throne* - "El mensajero de los Siete Mares ha venido/ a anunciarle al rey de Rhye que su trono ha perdido"). Finalmente, es significativo que sus compañeros decidieran utilizar la introducción de esta canción dentro de *It's A Beautiful Day (Reprise)*, último tema del póstumo *Made In Heaven* (1995): homenaje definitivo al genio de Mercury y cierre ideal de un círculo.

"NO ME GUSTAN MIS DIENTES SALTONES. ME LOS HABRÍA ARREGLADO, PERO NO HE TENIDO TIEMPO. A EXCEPCIÓN DE ESO, SOY PERFECTO".

10 DICIEMBRE 1963
Zanzíbar consigue la independencia.

ENERO 1964
La revolución de Zanzíbar obliga a los Bulsara a huir al Reino Unido.

Una de las escasas imágenes de una actuación de los Hectics. Naturalmente, Freddie está al piano

académico, los amigos, y al final hasta sus familiares, empezaran a referirse a él con el nombre con que le conocería todo el mundo en el futuro. Con el tiempo, sin embargo, las carencias afectivas a las que había estado sometido empezaron a manifestarse en un comportamiento huraño. Cada vez más reservado y encerrado en sí mismo, durante la primera adolescencia Freddie empezó a destilar cierto rencor hacia sus padres, al culparles de haberle "abandonado" a muy tierna edad. Ello acabó por reflejarse en su rendimiento académico, que sufrió importantes contratiempos. Sin embargo, también en esa época Freddie adquirió conciencia plena de su talento musical. Junto a cuatro compañeros, fundaron The Hectics que, en breve, pasó a ser el grupo oficial de la escuela, encargado de animar las fiestas y eventos que en ella se celebraban a lo largo del curso. Aquel que después tendría en sus manos a miles de personas reunidas en un mismo estadio, que les haría hacer cualquier gesto con solo insinuarlo en el escenario, de momento se limitaba a un segundo plano, tocando su amado piano y dejando el liderazgo a otros. Con la satisfacción de hacer feliz a su público tocando canciones de Cliff Richard, le bastaba para llenar

un vacío que, con el tiempo, cada vez sería más difícil colmar.

Su bajo rendimiento, que le impidió superar los exámenes de ingreso a décimo curso en febrero de 1963, le obligó a abandonar la St. Peter y acabar sus estudios en Bombay, donde pudo ingresar en la St. Mary's School. Ese mismo año, visto el evidente fracaso del proyecto por el que había dejado África diez años antes, Freddie volvió a casa y concluyó lo que había iniciado en Panchgani. El muchacho que llegó a Zanzíbar con 18 años, rayando la mayoría de edad, era muy distinto del chiquillo tímido que se había marchado tanto tiempo atrás. Pese a sus modales amables y educados, aún no había perdonado a sus padres por lo que le habían hecho. Decía que los años de estancia en la India le habían enseñado a valerse por sí mismo, pero en realidad sufría por una herida que intentó sanar durante toda su vida, a menudo recurriendo a afectos incondicionales y disfuncionales.

"A VECES ME PARECE DIFÍCIL ENCONTRAR EN ALGUIEN EN QUIEN CONFIAR. QUERRÍA ESTAR EN SILENCIO, NO HABLAR CON NADIE."

Poco después de su regreso al hogar, la familia Bulsara tuvo que huir de Zanzíbar en medio de una revolución que amenazaba la estabilidad política de Tanzania. Dicho evento no hizo sino confirmarle al muchacho que su destino era el del viajero eterno. En esta ocasión, sin embargo, convertido ya en un aspirante a músico y en un espíritu libre, el viaje al Reino Unido le pareció a Freddie el signo inequívoco de que las cosas avanzaban según sus deseos. Lo único que debía hacer era olvidar del todo cuanto había vivido hasta ese momento y renacer de sus cenizas. Una vez más.

ANTES DE QUEEN

El contexto cultural y musical de los grupos previos a Queen. El desembarco en Londres huyendo de la revolución en Zanzíbar permite que Freddie haga realidad su sueño. El Swingin' London le confirmará lo que llevaba tiempo sospechando: ¡su destino era convertirse en una superestrella!

El muchacho esbelto e introvertido que, junto a su familia, había abandonado un Zanzíbar irremediablemente zarandeado por la revolución que iba a cambiar drásticamente su signo político, no era el que se había pasado las horas llorando en su habitación de la St. Peter's School de Panchgani. Una etapa complicada de por sí, como es la adolescencia, vivida en la carencia afectiva de un colegio indio, había agudizado algunos de sus rasgos de carácter de la infancia, y además le había obligado a construirse una coraza que, a menudo, lo transformaba en alguien que daba la sensación de ser muy seguro de sí mismo y de sus aspiraciones.

"Nadie conocía de veras íntimamente a Freddie, en su esencia interior. Era dulce, amable y atento. No era la imagen que exhibía en el escenario"

ROGER TAYLOR

La verdad, como suele ocurrir en estos casos, se hallaba entre los dos extremos: el joven Freddie sí empezaba a tener algunas certezas o, como mínimo, a concentrarse mejor en sus deseos para el futuro. No obstante, tenía sentimientos encontrados. Por un lado, debía convivir con aquella necesidad continua de afecto y de aliento que le habían faltado durante años, y por el otro quería desplegar las alas y alzar el vuelo. Como cuando, en los conciertos escolares con The Hectics, deseaba que el público lo aclamara, aunque al mismo tiempo prefería esconderse tras el piano, en segundo plano. Sin embargo, lo que más anhelaba Freddie en aquel momento era guardar en un cajón, bien oculto en su memoria, todas las experiencias dolorosas que había sufrido en el pasado, como si no hubieran ocurrido. La idea de otro viaje, emocionante en sí mismo, pero que le exponía una vez más a los acontecimientos externos, no lo alteraba tanto ahora, porque la tierra hacia la que se dirigía era la que conocía por las pocas revistas extranjeras que llegaban a Stone Town y con la que había fantaseado, junto a su hermana, durante sus regresos a Zanzíbar en las vacaciones veraniegas.

Por lo demás, durante la primera mitad de los años sesenta, Inglaterra –especialmente Londres– era el lugar más estimulante del

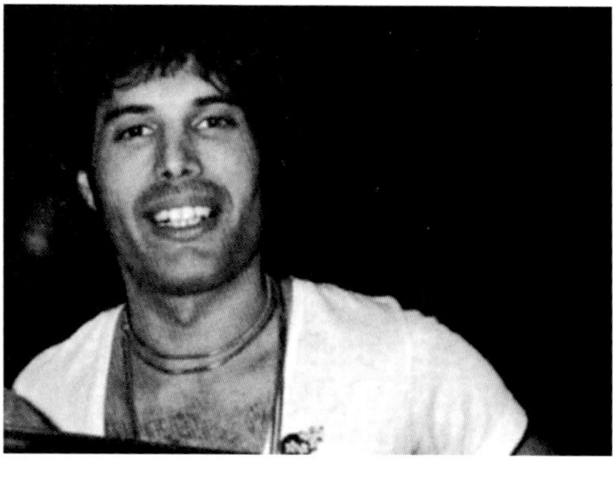

Una de las pocas sonrisas en las que una mano no oculta los dientes saltones que tanto le acomplejaron

Huidizo aún, el joven Freddie Bulsara no parecía muy interesado en mostrarse en público

mundo para un chico de dieciocho años deseoso de partir de cero y con veleidades artísticas. También la capital británica pasaba por épocas revolucionarias, que poco tenían en común con aquella de la que huyeron los Bulsara. Como gran parte del mundo occidental tras la postguerra, Londres estaba viviendo, de manera aún más acusada, un momento de gran agitación sociocultural y, en pocos años, se había convertido en faro absoluto del resto de Europa. Freddie desembarcaba en aquel Swinging London que acaba de encumbrar a los Beatles y a los Stones y que –en breve– lo haría con tantos otros artistas. Llegar a aquella ciudad en 1964 significaba encontrarse en el lugar adecuado y en el momento justo, y Freddie interpretó aquella oportunidad como una suerte de resarcimiento del destino. Allá podía ocultar sus orígenes exóticos, pese a la evidencia de sus rasgos, y convertirse en un nuevo inglés procedente de ultramar en busca de su propia identidad, aún antes que de una casa donde vivir.

Si Freddie vivió la despedida del lugar de origen como una liberación, no estaban tan entusiasmados sus padres, que tenían todo que perder. Se alejaban drásticamente de sus afectos y tradiciones y, sobre todo, tenían que reinventarse completamente, perdiendo los privilegios que la vida en Zanzíbar les garantizaba. Bomi era un funcionario del estado de cierto nivel, había frecuentado los círculos diplomáticos y, gracias a eso, los Bulsara se habían podido permitir un tren de vida por encima de la media, con los servicios y las facilidades que el humilde empleo de contable que encontró en Londres no podía granjearles ni de lejos. Hasta Jer, que

ENERO 1964
La familia Bulsara se va a vivir a Londres.

SEPTIEMBRE 1966
Freddie se matricula en el Ealing College of Technology del West London y se va a vivir solo a un apartamento de Kensignton.

26 OCTUBRE 1968
Los Smile debutan en el Imperial College como teloneros de Pink Floyd.

FEBRERO 1969
Un compañero de estudios, cantante de los Smile, Tim Staffel, presenta a Freddie a sus futuros compañeros Brian May y Roger Taylor.

PRIMAVERA 1969
Freddie entra en los Ibex como cantante.

23 MAYO 1969
Freddie debuta en directo con los Ibex en el Honiton Hall de Penketh, con un repertorio que va de los Beatles a Rod Stewart pasando por los Yes.

MAYO 1969
Los Smile firman con la Mercury para publicar el sencillo *Earth/Step On Me.*

VERANO DE 1969
Freddie deja el Ealing College.

9 SEPTIEMBRE 1969
En el The Sink de Liverpool, durante una jam sesión, tocan por primera vez juntos Brian May, Roger Taylor y Freddie Mercury.

antes no había querido trabajar, tuvo que aceptar un modesto puesto de dependienta. La familia se estableció en una casita en Feltham, en Middlesex, cerca del aeropuerto de Heathrow, una zona donde la clase media londinense lograba vivir dignamente, aunque sin codearse con los ciudadanos de la City. Afortunadamente, el frenesí cultural que tanto atraía a Freddie no quedaba demasiado lejos. Unos años después, el futuro líder de Queen descubriría que su compañero de grupo Brian May también había crecido en Feltham.

Pese a que no había finalizado la secundaria, y a la relativa facilidad con que se procuraba trabajos temporales en la zona del aeropuerto, Freddie quiso seguir su formación en el Instituto Politécnico de Islewirth, cuyos cursos artísticos le interesaban. En primavera de 1966 obtuvo la máxima puntuación en los exámenes de arte, y logró ser admitido en el Ealing Art College de Londres. Antes, habían pasado por ahí figuras del calibre de Pete Townshend de Who, o Ronnie Wood, guitarrista de Faces (y posteriormente, en la segunda mitad de los setenta, de los Rolling Stones). Para Freddie, más que seguir sus estudios de ilustración y diseño gráfico, el Ealing significaba dejar atrás un núcleo familiar del que llevaba años sintiéndose ajeno. Las oportunidades ofrecidas por la ciudad no fueron la culminación hacia la independencia que deseaba el joven, pues en su corazón hacía tiempo que se sentía separado de sus progenitores por un muro infranqueable. Lo único que lo unía a su casa, además del sentimiento de agradecimiento para con sus padres, era el afecto que sentía por su

Su adoración por Jimi Hendrix se expresó en sus trajes y en las decenas de dibujos que hizo de él

hermana. Lo cual no impidió que, en cuanto tuvo ocasión, se mudó al barrio de Kensington, a un apartamento que alquilaba un amigo cerca del celebérrimo mercado. Ahí fue donde su inclinación natural por la música empezó a transformarse en una auténtica obsesión.

Como tantos de sus coetáneos, Freddie había quedado fascinado por lo que parecía un extraterrestre caído de otro planeta: Jimi Hendrix. "Jimi era un hombre fantástico, un showman magistral y un artista apasionado", repitió sin cesar a lo largo de su vida. "En aquella época, íbamos a escucharle a cualquier parte del país, porque poseía todas las características de una verdadera estrella del rock: estilo y presencia escénica. Además, excitaba al público como nadie antes. Era el ejemplo viviente de todo lo que yo quería ser". La habitación de Freddie se convirtió rápidamente en una especie de mausoleo dedicado al guitarrista de Seattle. Las paredes estaban cubiertas con sus dibujos, que lo retrataban en las poses más disparatadas, y con un sinfín de recortes de periódico. Más allá de la inmensa importancia musical y cultural de un personaje como Hendrix en el Londres de 1966, el hecho de que un afroamericano

"Mi droga es el rock'n'roll, una droga que puedo controlar"

FREDDIE MERCURY

recién llegado a Inglaterra y completamente desconocido por la masa pudiera convertirse en un ídolo mundial al cabo de unas semanas debía ser, para Freddie, más importante que una simple pasión adolescente. En su mente, lo que estaba consiguiendo el autor de *Purple Haze* confirmaba que el sueño de llegar a ser una estrella, que solo había revelado a un reducido círculo de amigos, podía hacerse realidad. Hasta su modo de vestir empezó a cambiar, inicialmente siguiendo un estilo muy parecido al de su ídolo, para irse definiendo cada vez como más personal. Hasta el punto de, por ejemplo, pintarse las uñas de negro, detalle que le hizo muy conocido en el ambiente académico. Sin embargo, nadie veía en ello nada de excéntrico ni fuera de lo común. Gente como David Bowie o Marc Bolan (personajes fundamentales del imaginario popular de la época e, inevitablemente, del de Freddie) pregonaban que se podían romper los viejos esquemas de lo sexual y lo estético en favor de una libertad de expresión total que cambiara profundamente la cultura juvenil y la sociedad entera. En aquel momento Freddie era una especie de paleta de colores por estrenar, pero muy receptiva a los desafíos de los mil estímulos que el ambiente le proponía. El Ealing, pese a no ser uno de los institutos más severos de Londres, estaba aún anclado en una idea del arte con la que Freddie no se identificaba. No estaba en su naturaleza permitir

> "No tengo intención de ser una estrella, quiero convertirme en leyenda"
> **FREDDIE MERCURY**

Algunos dibujos del joven Freddie entre los que destaca un retrato de Paul McCartney

que su creatividad se constriñera a esquemas que limitaban la fantasía, prefería seguir su instinto, un instinto que le decía que debía formar un grupo. "La música me acompañaba en cualquier actividad, y el instituto era un terreno fértil para los músicos. Mi pasión por la música no paraba de crecer, hasta que me decidí: está bien, me lanzo, haré música. Era una de esas personas convencidas de que en la vida deberíamos hacer solo lo que nos interesa de veras, y la música me interesaba más que cualquier otra cosa". En aquellos años se hizo muy amigo de Tim Staffell, un compañero de clase que formaba parte de 1984, un grupo del que Freddie había oído hablar. Si Tim podía aprender del estilo y la fantasía irrefrenable de Freddie, este podía comprender mejor cómo funcionaba el circuito de los pequeños locales londinenses, además de obtener algunas lecciones rudimentarias de guitarra. En verano de 1969, habiendo terminado con fatigas sus estudios, Freddie dejó el instituto. Pero no perdió de vista a su amigo Tim, convertido en compañero fiel de asistencia a conciertos nocturnos y sesiones musicales. Fue entonces cuando su camino y el de los Ibex se cruzaron. Como tantos otros grupos, llevados por el entusiasmo generado por la epopeya de los Beatles, los Ibex acababan de llegar a Londres procedentes de Liverpool, con la ingenua esperanza de seguir los pasos de sus paisanos John, Paul, George y Ringo. En aquella época, los Fab Four promocionaban Apple como una isla feliz de la discografía, una utopía capaz de hacer famosos a los grupos de la clase media que el "sistema" había desdeñado sin piedad.

"CIERTAMENTE, NO TENGO INTENCIÓN DE VIVIR HASTA LOS 70: ¡QUÉ ABURRIMIENTO"

Freddie Mercury

En definitiva, existía la voluntad de revolucionar el negocio de la música tal como se había entendido hasta el momento. Entre los millares de discos que, durante meses, llegaron a la sede de la empresa, había uno de Ibex que, como era de prever, no obtuvo respuesta. Con todas las reservas del caso, el grupo era la apuesta de Liverpool ante el poder de los tríos que triunfaban entonces (como Cream y, precisamente, la Jimi Hendrix Experience), pero con menos de la mitad de su carisma y originalidad.

EL LONDRES DE FREDDIE

El primer apartamento del grupo

La amistad, compartir espacio vital e ideas musicales, dieron vida al primer álbum de Queen que nació en el apartamento situado en el número 36 de Sinclair Road, W14. En esa época, a inicios de los años setenta, los músicos tuvieron la oportunidad de conocerse de veras, en un ejercicio que se reveló fundamental en el futuro –cuando los cuatro músicos dejaron de vivir bajo el mismo techo–, y que sentó las bases de una relación muy profunda.

Ealing College

Entre aquellas paredes, Freddie conoció a Tim Staffel, y de paso a toda la compañía con la que, años después, formaría Queen, junto a Brian May y Roger Taylor. Aunque el rechazo de los estudios tradicionales le llevaba a buscar algo menos vinculado a esquemas obsoletos, la escuela le ayudó a comprender que no podía ser otra cosa más que artista, en cualquier disciplina. El Ealing College se halla en St. Mary's Road.

El Ealing College donde conoció a Tim Staffel

El apartamento con Mary Austin

Freddie y Mary Austin decidieron irse a vivir juntos enseguida, tal era su deseo de aislarse del resto del mundo y de las miradas de la gente. En este apartamento, del número 100 de Holland Road, vivieron ellos los primeros meses de su intensa historia y, además, se tomaron las primeras sesiones fotográficas de Queen, obra del fotógrafo Doug Puddifoot, con las que se ilustró el primer álbum del grupo.

Garden Lodge

Este es el domicilio más célebre y conocido de Freddie en Londres, no solo porque fue donde quiso morir sino porque fue donde más años vivió. Escenario de centenares de cenas, con invitados entre los más célebres de la historia del rock mundial, Garden Lodge está en el número 1 de Logan Place, en Kensington. Aún hoy, a los veinticinco años de la muerte de Mercury, sigue siendo uno de los centros de culto pop más concurridos de la ciudad.

Trident Studios

A pesar de que, al cabo de unos años, la relación entre la Trident y los Queen terminara de modo dramático, hay que reconocerle a la empresa inglesa propietaria de los célebres estudios situados en St. Anne's Court un papel decisivo en la carrera de Freddie y sus socios. Además de haberles facilitado un debut a gran escala, la empresa les puso en contacto con Roy Thomas Baker, elemento fundamental en la evolución musical del grupo y productor de sus discos de mayor éxito durante los años setenta.

Wembley Stadium

Hasta junio de 1985, el estadio de Wembley estaba indisolublemente asociado a los históricos partidos de futbol que enardecieron sus gradas durante su larga historia. Sin embargo, a partir del Live Aid, aquel templo del futbol se convirtió de pronto en morada de Queen. El concierto dio lugar, en cierto modo, al *Magic Tour*, que tuvo dos actuaciones espectaculares en Wembley. En 2003 demolieron las instalaciones para crear espacio para una nueva estructura.

Heaven Pub

Durante sus años de desenfreno, Freddie frecuentaba asiduamente todo tipo de clubs y locales nocturnos. Son célebres las fiestas que dio el cantante de Queen desde finales de los años setenta hasta mitad de la década siguiente, y pocas las ciudades del mundo que no han sido testigo de sus legendarias ganas de divertirse. El Heaven, uno de los locales gays más famosos de la City, figuraba entre los habituales. Aunque el episodio que le ha dado celebridad es que fue allí donde conoció al amor de sus últimos años de vida: Jim Hutton.

Tate Modern Gallery

Gran apasionado del arte, a Freddie le gustaba coleccionar cuadros y objetos de todo tipo procedentes de cualquier rincón del planeta. También visitaba a menudo exposiciones y museos. La Tate Modern, la famosa galería de arte del Bankside de Londres, entró en la biografía de Freddie al inspirarle *The Fairy Feller's Master Stroke*, un tema que apareció en *Queen II* y que llevaba el título de una obra de Richard Dadd expuesta en la sala 1840 del museo.

En directo, en Wembley, en uno de sus últimos espectáculos

Kensington Pub

Hasta hace pocos años, cerca de la parada de Kensington Olympia, se podía uno tomar una pinta de cerveza en el histórico pub donde el grupo más en boga del Londres de finales de los años setenta pasaba las noches, y se tomaba las copas después de los conciertos. Fue allí donde Freddie conoció a Brian May y a Roger Taylor, que todavía tocaban en Smile. En aquel local crearon las bases de lo que iban a hacer al cabo de pocos meses. También fue donde Freddie conoció a Mary Austin, uno de los grandes amores de su vida.

Cementerio

Como en todas las historias del rock'n'roll que se precien, también la muerte de Freddie está rodeada de un halo de misterio. Si bien nadie discute que murió, pervive el secreto sobre el lugar de reposo de sus cenizas. Mary Austin, a quien el mismo Mercury rogó que no revelara donde se hallaba su tumba, siempre le guardó el secreto. Sin embargo, en el 2013, unos fans encontraron por casualidad una placa en el cementerio de Kensal Green, con un mensaje inequívoco: *In loving memory of Farrokh Bulsara. Pour etre toujours près de toi avec tout mon amour* (En amado recuerdo de Farrokh Bulsara. Para estar junto a ti con todo mi amor). El hecho de que Austin lo desmintiera de inmediato no ha disipado las dudas del público.

La lápida que, probablemente Mary Austin, dejó en el cementerio de Kensal Green

Juntos en el Sour Milk Sea.

El encuentro con Freddie fue casi por casualidad en un pub cercano a Holland Park Road. Hasta ese momento, el grupo había intentado en vano abrirse paso en un sector sobresaturado de propuestas, en el que siempre era difícil destacar. Pero esa noche parecía que el destino les sonreía: al llegar al local, los músicos se pusieron a tocar con otro trío de la zona, que empezaba a tener cierto nombre en los circuitos underground de la City, los Smile. La banda la integraban Brian May, guitarrista dotado de una técnica notable pese a su juventud, el extravagante batería Roger Taylor y un viejo conocido, Tim Staffel. No era casual que Freddie asistiera, pues había entrado a formar parte del círculo del grupo en tanto que consultor oficial. El clima cordial favoreció que surgiera cierta atracción entre los dos grupos, que empezaron a frecuentarse con asiduidad.

Dado que en los Smile no tenía un papel fijo, al cabo de poco tiempo Freddie empezó a seguir a los Ibex, convirtiéndose en su cantante. Técnicamente el grupo tenía músicos muy buenos, pero carecía de una visión musical y de un mínimo sentido estético. Todas esas cosas que el nuevo cantante dominaba con creces. Freddie se mudó a casa de los Smile, donde los Ibex iban a ensayar con toda libertad.

El repertorio del grupo constaba únicamente de versiones, desde canciones de los Beatles, hasta Elvis Presley y Rod Stewart. A Freddie le gustaba especialmente *Jailhouse Rock*, un tema que en el futuro sería un clásico de los conciertos de Queen. Tras algunas actuaciones en los locales

OCTUBRE 1969
Freddie cambia el nombre de los Ibex por Wreckage.

26 OCTUBRE 1969
Los Wreckage debutan en el Ealing College.

26 NOVIEMBRE 1969
Los Wreckage dan el último concierto de su carrera en el Rugby Club de Twinckenham

Las primeras experiencias musicales en Inglaterra convencieron a Freddie de que iba a ser famoso

donde los Smile lograban colarles, los Ibex llegaron irremediablemente al fin de su carrera. Las exigencias y los orígenes de los distintos componentes del grupo eran demasiado diferentes, y el abismo entre Freddie y los demás era ya insuperable. Los miembros del grupo no creían realmente en lo que hacían, les resultaba humillante tocar para un puñado de espectadores, y tener que cambiarse en el trastero de las escobas. En contraste con ellos, Freddie siempre parecía exhibirse como si la platea estuviese abarrotada de público entregado.

Hasta el aplauso de dos personas era para él fuente inagotable de satisfacción, impresionaba percibir el estado de semi-trance en que entraba antes de salir al escenario. Sus trajes ceñidos y excéntricos, sus movimientos cómplices y la excitación del público abochornaban a sus compañeros, que no veían el potencial de aquella personalidad a punto de entrar en la historia de la música y en el imaginario popular. Lo que más impresionaba era la dicotomía cuasi esquizofrénica que habitaba en Freddie: antes de salir, a pie de escenario, era patológicamente reservado, tanto que sus amigos más íntimos no daban crédito.

"Quiero ridiculizarme, yo no me tomo demasiado en serio. Si hubiera sido serio, no me habría puesto esta ropa. La única cosa que me ayuda a avanzar es que me río de mí mismo"

FREDDIE MERCURY

Un Freddie aún anónimo, en un contexto en el que no resaltaban sus rasgos

QUEEN
CUANDO EL TODO ES MÁS QUE LA SUMA DE LAS PARTES

Al final de aquella primera e inesperada jam sesión, de septiembre de 1969 en el The Sink de Liverpool, a quienes pudieron ver a los Smile y los Ibex en vivo les quedó algo muy claro: era evidente que Tim Staffell, dotado de un discreto talento, jamás lograría encumbrar a Brian May y a Roger Taylor al techo del mundo. Además, los limitados medios técnicos no contribuían a realzar el talento y la voz desbordante de Freddie. Finalmente, los tres hallaron lo que buscaban en el mismo escenario: por una parte, una sólida base musical que pudiera seguir las improvisaciones y las ideas innovadoras de Freddie, y por otra un animal escénico a la altura de los grandes nombres de la música inglesa del momento, como Roger Daltrey, Robert Plant o Mick Jagger.

Aunque ambos grupos siguieron probando fortuna en el Reino Unido durante unos meses, la actuación en la ciudad de los Beatles dejó una marca indeleble en ellos, que pronto se transformaría en la urgencia creativa que dio vida a Queen. El hecho de que los tres músicos (cuatro tras la llegada de John Deacon) valieran mucho más juntos que por separado fue uno de los temas recurrentes de su carrera, ratificado, además, por las pocas "escapadas" que se concedieron a lo largo de los veinte años de la formación. Ninguno de sus álbumes en solitario rozó siquiera las cifras ni, sobre todo, la calidad de los trabajos que editaron en nombre de Queen. Aunque los temas del grupo fueran de uno, el sonido que los demás conseguían crear era

irreproducible fuera de aquel contexto. Baste decir que cada uno de ellos logró componer algún tema que acabó triunfando en alguna lista de éxitos (lo cual ni los Beatles lograron jamás). No obstante, sin la ayuda de los demás miembros, habrían tenido un destino distinto. Como confirman los datos de ventas y el número de hits de sus trabajos en solitario. No se trata tanto de la atracción que ejercía la marca Queen, sino de la magia que surgía solo cuando se encerraban los cuatro en un estudio. La enésima prueba de todo ello apareció cuando publicaron *Made in Heaven*, el último álbum que contenía material grabado por Freddie, y en el que algunos temas pertenecientes al líder quedaron completamente transformados por las aportaciones de sus dos devotos compañeros, que los mejoraron y los llevaron nuevamente a la cúspide de las clasificaciones.

Pese a sus repetidos desencuentros, la fuerza de Queen radicaba en aceptar las ideas de los otros

Los Smile: de izquierda a derecha, Roger Taylor, Brian May y Tim Staffell

El abismo entre él y los Ibex se agrandó cuando volvieron a Liverpool y Freddie les convenció para trasladarse allá y dar unos conciertos que ni siquiera estaban cerrados. Además del amor por Hendrix, Freddie estaba alimentando una nueva obsesión por otra de las grandes leyendas de la época: los Beatles. La decisión de irse a vivir a su ciudad natal, y para colmo en un

> "Contemplábamos a Freddie como un punto de referencia durante toda la vida"
> **GUNS 'N' ROSES**

apartamento situado en Penny Lane, le pareció un pasaje a la Meca al joven cantante. Si bien su

Pese a sus esfuerzos tenaces en estudio, los Smile no produjeron nada que quedase para la historia

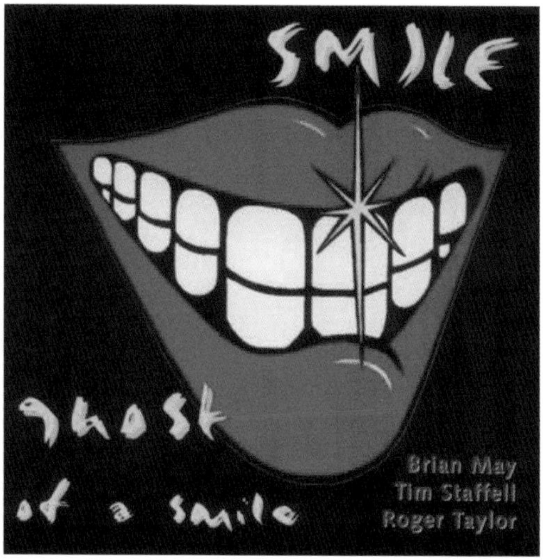

Freddie sigue buscando un estilo personal y rompedor

imaginación hippie-chic era de lo más aceptable en Londres, convulsionó la escena musical de Liverpool, que aún no estaba acostumbrada a esas extravagancias. En ese momento, el futuro autor de *Bohemian Rhapsody* decidió que una de las cosas que no funcionaban del grupo era el nombre: con el carisma que ya entonces poseía, convenció a sus compañeros para que pasaran a llamarse Wreckage. A los amigos de Smile, especialmente Brian y Roger, les gustaba seguir a Freddie en su aventura musical siempre que les era posible. Por eso no se sorprendieron cuando, el 9 de septiembre de 1969, durante uno de sus conciertos en el The Sink de Liverpool, salieron todos a escena para una jam sesión que, a todos los efectos, sentó las bases para una colaboración que al cabo de unos meses habría cambiado para siempre sus vidas, y la forma de los conciertos de pop.

"EL EXCESO FORMA PARTE DE MÍ. LA MONOTONÍA ME ENFERMA. TENGO VERDADERA NECESIDAD DE PELIGRO Y EXCITACIÓN"

BECOMING QUEEN

El nacimiento del grupo más coleccionado del mundo. La alianza con Brian May y Roger Taylor. Al cabo de algunas tentativas y algunas desilusiones, los destinos de Freddie, Brian y Roger acabaron confluyendo en el que será, al cabo de un lustro, uno de los grupos más célebres del Reino Unido. Gracias, también, a los temas del álbum de debut.

El año 1970 fue fundamental para Queen. Durante sus primeros meses, dos acontecimientos seguidos hicieron que Brian May, Roger Taylor y Freddie Bulsara se cruzaran de nuevo, tras aquella noche fría en la que se habían divertido improvisando sobre el escenario de Liverpool. Hacía poco que los dos primeros habían dado el que sería su último concierto con Tim Staffell, poniendo punto final a la aventura de los Smile.

Las cosas ya habían empezado a cambiar el año antes, cuando el sello Mercury había puesto al grupo bajo control, haciendo que grabaran algunos temas que había decidido publicar antes en América que en Inglaterra, perjudicando de hecho su enorme potencial. El éxito de una versión de *Hush* por los Deep Purple –que se hizo famosa en Estados Unidos y después en Inglaterra–, había convencido a la mayor discográfica de entonces de que esa podía ser la vía apropiada para los Smile, pero resultó un error estratégico. El incidente incomodó a los miembros del grupo, que sintieron que habían perdido el último tren hacia el éxito y dudaron entonces de sus posibilidades. Staffell, además, sospechaba que sus dos compañeros no tenían verdaderas intenciones de lanzarse a lograr sus objetivos: "Su idea del arte y de la música empezaba a no coincidir con la mía. Yo no era un cantante como el que ellos tenían en mente, mi manera de componer iba ya en otra dirección".

Fue entonces cuando el líder de los Smile decidió que había llegado el momento de cortar por lo sano y abandonar la formación para ingresar

> "No sé por qué insisten en que nos inspiramos en música de otros grupos. Los Queen son demasiado grandes para eso"
>
> **FREDDIE MERCURY**

en los Humpy Bong (grupo integrado por el batería de los Bee Gees, Colin Petersen, que en esos días había logrado participar incluso en *Top Of The Pops*.) "En su momento me pareció la mejor elección, no tiene sentido juzgarla a posteriori. Además, si no me hubiera ido, la historia de la música de hoy sería distinta, puede que también mucho mejor".

Efectivamente, por más que nadie lo había notado aún, la dirección de la que hablaba Staffell

La primera actuación de los Queen: Freddie parece el único relajado

refiriéndose a sus dos excompañeros era muy similar a la que Freddie llevaba meses imaginando.

Terminada la aventura con los Wreckage, y cada día más seguro de convertirse en una estrella del rock, el cantante respondió a un anuncio que un grupo nacido en 1968, los Sour Milk Sea, publicó en la revista *Melody Maker*. No obstante, las cosas tampoco funcionaron en este caso y, pocos meses después, las frágiles relaciones entre los miembros del grupo llevaron a una inevitable disolución. A lo que parecía, todas las circunstancias empujaban a los tres jóvenes músicos a reunirse. "Pero ¿por qué perdéis el tiempo así? Tendríais que hacer temas nuevos. Tendríais que demostrar lo que sabéis hacer con la música", les dijo una noche Freddie a sus amigos. "Si yo fuera vuestro cantante, sabría qué hacer."

En realidad, el atrevimiento de frases como aquella no era sino una de las típicas estratagemas con las que Freddie pretendía ocultar esos sentimientos que no le gustaba mostrar. La verdad era muy otra: había empezado a componer algunos temas por su cuenta (entre otros, la futura *Stone Cold Crazy*), pero Freddie andaba un paso por detrás de sus amigos; hasta su voz, la seña distintiva de su futura carrera, todavía era áspera y estaba por madurar. Por su parte, los Smile tenían un repertorio de canciones poseedoras ya de algunas de las características que confluyeron en la propuesta de Quenn, y habían obtenido buenas experiencias en directo. Sin olvidar que los 1984, el grupo previo a Smile en el que habían militado Brian y Tim, había actuado como telonero de su ídolo Jimi Hendrix en 1967, en el Kensington's Imperial College.

Probablemente Freddie era consciente de todo ello, aunque a la vez sabía muy bien que sus futuros compañeros carecían totalmente de criterio estético, un elemento fundamental en el am-

1 MARZO 1970
Tras una breve audición, Freddie Bulsara pasa a ser oficialmente el cantante de Sour Milk Sea.

29 MARZO 1970
Se separan los Smile.

5 ABRIL 1970
Freddie convence a Brian May y Roger Taylor para que unan sus fuerzas. Nacen los Queen.

28 ABRIL 1970
Los Queen empiezan las audiciones en el Imperial College de Londres. Para tocar el bajo han reclutado a Mike Grose, un amigo de Taylor.

27 JUNIO 1970
Los Queen debutan en Truro, un concierto en beneficio de la Cruz Roja británica. En los carteles, siguen apareciendo por error como los Smile.

JULIO 1970
Freddie Bulsara cambia su nombre por el de Freddie Mercury, en honor al mensajero de los dioses.

16 OCTUBRE 1970
John Deacon asiste al concierto que dan los Queen junto al Kensington Market.

31 OCTUBRE 1970
Los Queen actúan por primera vez en el Cavern de Liverpool.

08 ENERO 1971
Primer concierto de Queen en el Marquee de Londres.

biente del rock a caballo entre las dos décadas. En definitiva, si los Smile estaban técnicamente muy bien dotados (especialmente Brian May), lo que les faltaba era la osadía y el sano exhibicionismo que se apoderaban del cuerpo de Freddie en cuanto ponía un pie en el escenario. Asimismo, sus ideas y sus visiones musicales constituían un terreno poco explorado en un mundo que, de mitad de los años sesenta en adelante, había empezado a elevar el listón de la experimentación sonora. Ya no solo escuchaba a Hendrix, de quien seguía adorando su intensa carga subversiva, sino que experimentaba en ámbitos que parecían contradictorios para sus coetáneos. Además de un amor visceral por John Lennon y su capacidad melódica, Freddie admiraba a los Led Zeppelin, los Beach Boys (puede que más que a los Beatles) y a los Jackson 5. También lo entusiasmaba Liza Minelli, la ópera y, como a todos los jóvenes de su generación, Elvis Presley. Este batiburrillo de sonidos, unido a una estética típicamente glam (inspirada en personajes como David Bowie y, sobre todo, Marc Bolan), confluyó en una creación que, en poco tiempo, adquirió forma consumada, y de hecho completamente inédita.

Pese a ser muy reservado con su esfera privada, especialmente la sentimental, la imagen que

Kensington Market, donde Freddie y Roger vendían ropa de segunda mano para sacarse un sobresueldo

Freddie mostraba al mundo era claramente ambigua, si no totalmente afeminada. Sus maneras no pasaban inadvertidas a ojos de la familia o los amigos, pero parecían el reflejo de una búsqueda o evolución, no de algo duradero. A fin de cuentas, las figuras del espectáculo que más admiraba eran personajes rupturistas, que estaban socavando radicalmente todas las convenciones con que habían crecido las generaciones anteriores a la suya. Si además tenemos en cuenta sus orígenes, la ruptura es aún más limpia. Su negativa a hablar sobre su familia fue debida, probablemente, a un desgarro relacionado con las transgresiones de un hijo a quienes sus padres intentaban reconocer, pero cuyos comportamientos no comprendían.

Ahora que los tres miembros del grupo habían decidido unir sus fuerzas debían encontrar el nombre adecuado para el nuevo grupo: nadie pretendía mantener el viejo Smile que a Freddie le parecía anodino y, sobre todo, vinculado a una historia que no era la que estaba por empezar. Una de las maneras clásicas de buscarle un nombre a un grupo era inspirarse en una canción o un libro que hubiera llamado la atención de uno o más de sus miembros. Brian y Roger propusieron The Grand Dance, basándose en la trilogía de C.S. Lewis (en el siglo XXI otro grupo inglés, los Iron Maiden, lo recordaban en el sencillo *Out Of The Silent Planet*). Sin embargo, Freddie era menos partidario que sus compañeros de esquemas que pudieran considerarse clásicos y tuvo una idea que llevaba en su cabeza desde los tiempos de Wreckage, cuando sus amigos se referían a él con el apelativo de Old Queen. "Se me ocurrió el nombre de Queen. No solo por el nombre, es muy majestuoso y me parecía espléndido", acostumbraba a recordar en las entrevistas. "Es un nombre fuerte, muy universal e inmediato. Cargado de potencial visual y abierto a todo tipo de interpretaciones. Naturalmente, era consciente de sus connotaciones gays, pero aquello era solo una de sus muchas lecturas". Astuta o inconscientemente, jugando con la ambigüedad de las mismas imágenes, Freddie había encontrado un nombre grandilocuente, con capacidad para quedar grabado y crear, a la vez, cierta inco-

FEBRERO 1971
John Deacon se convierte en el cuarto y último miembro del grupo.

02 JULIO 1971
Primer concierto de Queen con su formación clásica, en Surrey.

18 SEPTIEMBRE 1971
Queen empieza a grabar sus temas en los estudios De Lane Lea de Londres.

ESTATE 1972
Empieza la grabación de su álbum de debut en los Trident Studios de Londres. Freddie graba dos temas con el nombre de Larry Lurex: *I Can Hear Music* (en el que también participan May y Taylor) y *Going Back*.

AGOSTO 1972
Freddie Mercury elabora y dibuja la célebre Queen Crest, el emblema del grupo.

1 NOVIEMBRE 1972
Los Queen firman un contrato con la Trident Audio Production.

NOVIEMBRE 1972
Acaba la grabación del álbum *Queen*.

5 FEBRERO 1973
En el Langham 1Studio, los Queen graban los primeros discos en directo para la BBC.

15 FEBRERO 1973
Radio BBC emite por primera vez una pieza de Queen.

9 MARZO 1973
Trident convence a EMI para que firme un contrato con la banda.

modidad: exactamente lo que tenía en mente cuando se lo propuso a sus compañeros.

Para sacar algún dinero, Mercury y Taylor tuvieron durante algún tiempo un tenderete de ropa de segunda mano en el Kensington Market, alimentando la pasión de Freddie por la moda que empezó en sus tiempos de estudiante, cuando se divertía haciéndole vestidos a su hermana con los materiales más disparatados que tenía a mano. Con el tenderete podían hacer frente a los gastos de la vida londinense y solo se cerró el 18 de septiembre de 1970, en señal de luto por la muerte de Hendrix.

Durante este periodo, Freddie conoció también a la que sería su primera novia oficial y, con el paso del tiempo –una vez aceptó sus verdaderas inclinaciones sexuales–, su mejor amiga: Mary Austin. Irónicamente, Brian May también estaba interesado en Mary, y había salido con ella un par de veces. Sin embargo, cuando Brian supo que Freddie llevaba meses haciendo acopio de valor para pedirle una cita a Mary, renunció a una posible aventura con ella. Freddie y Mary tenían una misma naturaleza huidiza y reservada, y descubrieron rápidamente que compartían muchas experiencias e ideas. Tanto que, sin pensárselo dos veces, dejaron de vivir con sus respectivos amigos y se mudaron juntos para una convivencia que duraría ocho años. Quienes los vieron juntos durante esa etapa definen su relación amorosa como absoluta e incondicional. Mick Rock, tal vez el fotógrafo más importante de la historia de la música y uno de los mejores amigos de Freddie, sigue sin dudarlo: “Más allá del aspecto sexual, que por otra parte no concernía más que a ellos mismos, Mary fue claramente el amor de su vida. Una forma de amor que continuó hasta su muerte. No creo que nadie, aún hoy, pueda sostener lo contrario”.

Así, la necesidad de afecto y amor de las personas de quienes Freddie se rodeaba parecía haber hallado un puerto seguro en su relación con Mary, y en la comunión de ideas que el cantante experimentaba con su nuevo grupo.

“Si tuvieran que describirme, dirían que soy un hombre extravagante. Todos somos una mezcla de muchos ingredientes: tengo un lado muy tierno y otro muy intenso. Conmigo, no hay medias tintas que valgan”

FREDDIE MERCURY

En los carteles, todavía aparecían los Smile pero, a todos los efectos, ya eran los Queen.

Una vez reclutado Mike Grose (amigo de infancia de Taylor) para tocar el bajo, y recuperadas algunas composiciones destacadas de los grupos precedentes, los Queen se prepararon para su debut el 27 de junio de 1970. Unos meses antes, la madre de Roger Taylor había iniciado los preparativos para una fiesta benéfica en favor de la Cruz Roja de Truro, municipio de Cornualles donde Roger había pasado la adolescencia. Aunque en los carteles aparecieron aún con el nombre de Smile, fue el primer concierto de un grupo que, en pocos años, cambiaría para siempre el modo de entender la música pop. Como la mayor parte de los grupos nacidos a caballo entre los sesenta y los setenta, los Queen partían de referencias musicales muy precisas, pero, desde el principio, quisieron fundir todas sus influencias en un estilo personal e inédito. Por ejemplo, decidieron salir a escena con vistosos trajes de seda en los que predominaban el blanco y el negro (una dicotomía que, durante años, caracterizó su imagen) con la intención de crear un efecto notable en un ambiente en que el vestuario típico estaba compuesto, como mucho, de unos vaqueros viejos y una camiseta o, con suerte, una camisa estampada a rayas. En esos momentos, en el rock mainstream inglés, quizás solo David Bowie era más atrevido con el vestuario y las imágenes, aunque ya gozaba de una exposición mediática con la que

Los primeros conciertos de cierta relevancia: célebres los que compartieron con los Yes, con quienes nació una gran amistad

MARY AUSTIN
EL AMOR DE SU VIDA

"Mary es una de las personas en el mundo con las cuales tengo una amistad más íntima. Es una cosa instintiva. Con Mary creamos un vínculo inmenso. Con ella me abro como con nadie. Tuvimos muchos altibajos, cuando estábamos juntos, pero eso no hizo sino fortalecer nuestra relación".

Freddie y Mary

Pese a que inútiles diatribas sobre su sexualidad acompañaron a Freddie Mercury durante toda su vida –en ocasiones recibieron más atención que su música en los medios–, el cantante de Queen siempre veló por proteger a sus personas más queridas. La larga relación con Mary Austin, al principio amorosa y luego de distinta naturaleza, aunque igual de intensa, fue uno de los aspectos que más comentarios suscitaron.

Aunque nunca fue muy querida por los fans, Mary conoció a Freddie con solo 19 años y permaneció a su lado hasta sus últimos días: primero fue su novia, luego secretaria de la empresa que gestionaba la música y las ediciones que Mercury dirigía en su casa y, en definitiva, una especie de ángel de la guarda a quien el artista dejó encargada de ocuparse de sus cenizas, una vez incinerado. "Las dejé en la Capilla de la Despedida durante una temporada. Sabía que tenía esa responsabilidad, debía separarme definitivamente de él. Tenía que hacerlo sola, como él me había pedido, y en secreto. Sabía que aquello no haría que sus familiares me quisieran ni más ni menos. Me parecía todo un poco macabro. Las cenizas estaban en una bolsa de plástico, dentro de la urna. Tuve que arreglarlo todo y enterrarlo junto. De pronto, pensé: me has dejado demasiada tarea, Freddie".

El amor y la gratitud de Mercury para con ella era tan grande que, al hacer testamento, decidió dejarle también la residencia de Garden Lodge: "Pasé tanto tiempo con él, cuando estaba enfermo, y había tantos recuerdos entre esas paredes... Recuerdos de él sufriendo. Veía a ese hombre tan frágil, tumbado en su lecho, y recordaba las cosas intrascendentes que solía hacer con él. Lo peinaba, porque estaba en cama y el pelo se le pegaba a la cabeza. En esos momentos sentía tanto amor por él. Cuando miraba aquella cama me venían siempre a la mente esas imágenes. Cada día me sentaba seis horas a su lado, tanto si estaba despierto como si no. A veces, se despertaba un momento, sonreía y me decía: "Oh, eres tú, viejita mía".

no contaba Queen. "Cuando comencé a actuar, todos los grupos de rock llevaban vaqueros. De pronto, llegué yo, ataviado con velos africanos, montones de maquillaje y esmalte de uñas negro: era un ultraje absoluto".

Tras curtirse en los clubs y haber intentado durante meses –en vano– encontrar a un bajista, en 1971 John Deacon, genio de la electrónica de temperamento sosegado, fue elegido nuevo miembro, dando vida por fin a la formación clásica del grupo. Así empezaron a sonar en el circuito universitario y en los locales de los alrededores de Londres. En septiembre de 1971 se les presentó la primera oportunidad: Terry Yeadon, un amigo de May, ofreció a los Queen la posibilidad de utilizar gratuitamente los nuevos estudios De Lane Lea para comprobar el funcionamiento de las instalaciones. El grupo aprovechó la oferta y grabó algunos de sus temas originales,

"Estoy orgulloso de mi voz, es áspera, depende del humo. Por eso fumo, para tener esa voz"

FREDDIE MERCURY

como *Keep Yourself Alive*, *Jesus* y *Lear* que, aún hoy, se consideran de las mejores muestras de lo que podían expresar los Queen en un estudio, en los albores de su carrera. Inicialmente, y pese a la evidente calidad de las grabaciones, ninguna discográfica quiso contratarlos a excepción de Chrysalis Records, aunque su propuesta no cubría aún las expectativas del grupo. "Cuando

Los estudios De Lane Lea, donde los Queen grabaron la primera demo profesional de su carrera.

6 JULIO 1973
Se comercializa el primer sencillo de Queen, *Keep Yourself Alive*.

13 JULIO 1973
Los Queen publican su primer álbum, homónimo.

Las míticas sesiones fotográficas que acompañaron la grabación del disco de debut

grabamos la primera demo, ya sabíamos que el ambiente del negocio de la música era un nido de víboras", declaró posteriormente Freddie. "Seguíamos recibiendo ofertas asombrosas de gente que prometía la Luna, pero nosotros éramos muy cuidadosos: no teníamos ninguna intención de dejar que nos arrastrara el remolino. Antes de decidirnos, prácticamente nos pateamos todas las discográficas. No queríamos que nos trataran como a un grupo cualquiera". Finalmente, en 1972 sus grabaciones llamaron la atención de John Anthony (productor de Mercury Records) y de Roy Thomas Baker (colaborador de Trident Studios, propiedad de Norman y Barry Sheffield, del grupo The Hunters). En aquellos años, los Trident eran el estudio por excelencia del Swinging London, quizás incluso más que los famosos estudios Abbey Road de los Beatles. En 1968 grabaron con algunos de los nombres más importantes de la historia de la música, como David Bowie, Lou Reed, T-Rex, Elton John, además de los mismos Fab Four, que habían trabajado algunos temas del *White Album* allí. La mera idea de entrar en aquel lugar mágico les

El primer sencillo, *Keep Yourself Alive*, dejó muy claros los objetivos del grupo: hacer rock sin cursilerías

daba escalofríos a los Queen, muy conscientes del hecho que quizás las cosas empezaban a ser como siempre habían esperado: probablemente la convicción de Freddie de que el mundo le iba a adorar como a una estrella no fuera solo un sueño. Pero, aunque él se sentía en el séptimo cielo, había algo que todavía no funcionaba: en realidad no tenía ninguna intención de aparecer en el primer álbum oficial de su vida con su propio apellido. Bulsara, en la práctica, era el último eslabón que lo vinculaba a un pasado del que renegaba y él, lógicamente, habría preferido un nombre artístico con el que presentarse ante el mundo. Como había hecho ya tantas veces en el pasado, Freddie decidió cerrar definitivamente aquel capítulo y crearse un nuevo yo: desde aquel momento, su apellido sería un homenaje al mensajero de los dioses: Mercurio. No obstante, y pese a sus repetidos intentos de mantener su vida y sus sentimientos lejos del negocio musical, algún indicio acabó por trascender. No hay que ser Freud para comprender que la frase "Madre Mercury, mira qué han hecho conmigo", contenida en *My Fairy King* (que fue una de las canciones más innovadoras del álbum de debut) era una clara referencia a la relación con su madre. De pronto, les hicieron a los cuatro una de esas propuestas que, por muy soberbio que uno sea, no se pueden rechazar. Ponían a su disposición un estudio de grabación durante las horas muertas en que el artista de fama que estuviera grabando su álbum en ese momento lo dejara libre. Lo tomaban o lo dejaban. En su caso, el artista en cuestión era, ni más ni menos, que David Bowie, entonces ocupado en el disco que le dio fama mundial y una nueva identidad: la de Ziggy Stardust. Un motivo más para aceptar sin titubeos.

EL EMBLEMA DE LOS QUEEN

Para Freddie Mercury, encargarse de la imagen del grupo del que formaba parte significaba ocuparse de todos y cada uno de sus aspectos. Gracias a sus estudios, y a una inclinación natural que mostró desde muy tierna edad, Freddie estaba convencido del hecho que, para triunfar en un mundo como aquel, no bastaba con ser un buen grupo; había que estar a tono con los tiempos desde todos los puntos de vista e intentar, si era posible, adelantarse a los acontecimientos.

Además de proponerles a sus compañeros una imagen que rompiera con los esquemas y tópicos de la época, Freddie ideó el emblema que debía representar al grupo ante el mundo. Acorde con la innata majestuosidad de sus aspiraciones, él deseaba que el diseño tuviera todos los componentes que caracterizaban tanto la propuesta musical del grupo como la personalidad de cada uno de sus miembros. Todo, naturalmente, debía ser extremadamente regio y fuera de la común. Quisieron partir de un símbolo que evocara, a primera vista, los valores del Reino Unido –particularmente los de la elegancia y de la realeza– enaltecidos con una fuerte dosis de patriotismo: no en vano el punto de partida del diseño era el escudo real británico. Aunque era inglés por adopción, a Freddie le fascinaba la monarquía colonizadora de la India de que la había surgido su familia. Además, el muchacho vivió el desembarco en la tierra de Albión como un verdadero renacimiento espiritual: el inicio de la vida que siempre había querido vivir. Su fuerte sentimiento patriótico se comprende pues respecto de un país que solo lo contaba entre sus súbditos desde hacía unos pocos años.

Las figuras incluidas en el escudo representan los signos zodiacales de los cuatro componentes del grupo: los dos leones identifican a Roger Taylor y John Deacon; el cangrejo es cáncer, el signo de Brian May y las dos hadas blancas simbolizan el horóscopo del mismo Freddie, virgen. En el centro del logo hallamos la "Q" de Queen que contiene en su interior la corona real británica.

El amarillo y el naranja, los principales colores del escudo, insisten en la energía y la potencia que evocan dichos colores, mientras que para la cinta que componía la letra "Q", el color más indicado era el púrpura, tono nobiliario por antonomasia. Sobre el conjunto, con las alas desplegadas, se cierne un ave fénix, animal mitológico e inmortal, capaz de renacer de sus cenizas. Probablemente, reminiscencia de los años transcurridos en la St. Peter's School, cuyo símbolo era precisamente esa legendaria ave.
Pese a que lo había compuesto tiempo atrás, el emblema de los Queen no apareció en la portada de un disco hasta 1975. Aunque fue en la funda del que se convertiría en álbum-manifiesto del grupo: *A Night At The Opera*.

El emblema de la cubierta de *A Night At The Opera*

La dicotomía entre el blanco y el negro se convirtió de pronto en uno de los temas principales de las actuaciones de Queen

El deseo de provocar y sorprender al público fue una de las constantes de las actuaciones de Freddie

El limitado uso del estudio de grabación se prorrogó de junio a noviembre de 1972, periodo en que el grupo lo dio todo para grabar un tema cada vez, seguidos. El productor Roy Thomas Baker les pidió que grabaran también las canciones con las que habían trabajado en De Lane Lea, aprovechando que en esta ocasión contaban con un equipo mucho mejor. Un día, mientras Freddie esperaba para entrar en la sala de grabación, se le acercó el productor Robin Cable y le pidió que grabara algunas partes vocales para la versión de *I Can Hear Music* y *Goin'Back* con la que trabajaba. Su intención era la de reproducir el célebre *wall of sound* (muro de sonido) de Phil Spector y la voz del cantante de Queen le impresionó hasta tal punto que le hizo esa propuesta. El cantante pidió también la colaboración de Brian May y de Roger Taylor (aunque no de John Deacon) y los temas salieron al año siguiente con el seudónimo de Larry Lurex y pasaron sin pena ni gloria. Mientras tanto, y pese a las demoras, la grabación del disco de debut seguía adelante. Los temas habían sido concebidos en momentos distintos de la historia de los músicos. Algunos, como *Doing All Right*, recordaban al periodo Smile; otros eran del grupo antes de que John Beacon ingresara en él (*Keep Yorself Alive*, *Great King Rat*, *My Fairy King*, *Liar*, *Modern Times Rock'n'Roll*, *Song on Daughter* y *Jesus*). Y otros hallaron su espacio en los álbumes sucesivos o quedaron relegados hasta que años después vieron la luz en caras B, reediciones o series *bootleg*. La única canción escrita junto al bajista fue *The Night Comes Down*, de donde sale la versión grabada antes de entrar en Trident que consideraron a la altura de las nuevas grabaciones.

Aunque el álbum estaba terminado en noviembre de 1972, la Trident Audio Productions –con quienes los Queen habían firmado un contrato de representación– tardó meses en encontrar un sello que los distribuyera. Finalmente, llegaron a un acuerdo satisfactorio con la EMI y con la Elektra para el mercado estadounidense y japonés.

Pese a que los imprevistos y los retrasos les habían estado minando la moral, el grupo había decidido seguir componiendo temas, muchos de los cuales constituyeron el esquema del segundo álbum. Los Queen llegaron incluso a grabar en directo con la BBC, emitido en el programa *Sounds Of 70*, confirmando así los progresos que habían realizado durante esos meses.

Finalmente, el 13 de julio de 1973, *Queen*, en cuya portada aparecía solo Freddie sobre el escenario, llegó a las tiendas del mundo entero. Y alcanzó el vigesimocuarto lugar en la clasificación del Reino Unido y se colocó en el top 100 de los Estados Unidos. Ya nada volvería a ser como antes.

Poca experiencia, pero una gran sensualidad en las primeras actuaciones de Freddie y compañía

CHAMPIONS OF THE WORLD

De la creación de *Bohemian Rhapsody* *al ascenso mundial de Queen. Los primeros pasos en el show business no son fáciles para Freddie y compañía, a quienes la prensa no solo no reconoce la originalidad de la propuesta, sino que subraya su parecido con otros grupos británicos. Sin embargo, primero el éxito de* Killer Queen *y después el de la obra magna del rock operístico de Freddie les abrieron de par en par las puertas de la inmortalidad.*

La elaboración del segundo álbum empezó al cabo de pocas semanas de haber salido al mercado su primer disco *Queen*, y para algunos fue su evolución natural. Como en el anterior, algunos acordes venían del pasado. Inevitable, vistos los retrasos acumulados durante las grabaciones del álbum de debut.

Pese a no haber sido concebido como un primer álbum (la temática de las canciones era distinta para cada una de ellas) *Queen II*, en lugar de presentar la típica cara A y B, se dividía cromáticamente en dos partes, una blanca compuesta por Brian May, y una negra obra de Freddie, con la incorporación del único tema firmado por Roger Taylor. Si las canciones escritas por el guitarrista mostraban el lado más sentimental e intimista del grupo, el hilo conductor de las de Freddie era casi exclusivamente de cariz fantástico, de forma similar a cómo ya había sido hasta entonces. Lo que distinguía a sus temas nuevos era una notable conciencia de sus propios medios que, unida a la maduración de toda la banda, llevó a los cuatro a expresarse con un nivel hasta el momento inaudito.

Si bien las canciones recogidas en el primer álbum procedían en parte de sus experiencias musicales precedentes, y aún estaban estrechamente conectadas con las actuaciones en vivo en que habían sido perfeccionadas, con *Queen II* los músicos, y Freddie más que nadie, empezaron a pensar en el estudio como un lugar donde no se podía reproducir la magia del directo. Freddie quería explotar las posibilidades que les ofrecía la tecnología hasta niveles que nadie, ni los Beatles de la segunda parte de su carrera, habían alcanzado jamás. Dicha libertad creativa, desvinculada de la dimensión del concierto, dio sus frutos inmediatamente con títulos como *Ogre Battle*, *The March Of The Black Queen* y *The Fairy Feller's Master-Stroke*. Lo cierto es que tenían elementos para romper de veras con los esquemas de la época, para anunciar el futuro de un grupo que, al cabo de dos años, habría trastocado todas las reglas del rock clásico.

Canciones como aquellas, unidas al estilo guitarrístico siempre personal de May, crearon *Queen II*, uno de los álbumes más seminales de la formación, que sería citado por músicos de extracciones tan distintas como Steve Vai, Axl Rose, Kurt Cobain o Billy Corgan, como uno de los diez discos más importantes de sus vidas. "Algunos grupos usan temas pre-registrados, pero a nosotros no nos gusta hacer como que cantamos mientras la bobina gira", declaró Freddie a quien cuestionaba el hecho de que

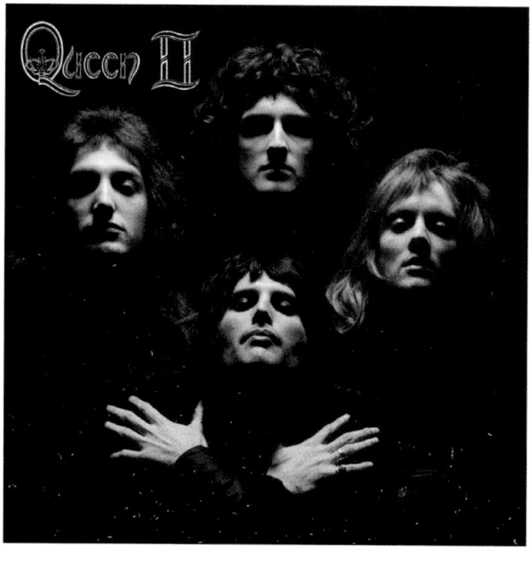

El famoso fotógrafo Mick Rock fue de los primeros en comprender el infinito potencial del personaje Mercury

algunos temas fueran imposibles de interpretar en vivo. "Nosotros no hacemos cosas de esas y somos los primeros en decir que, si no conseguimos rehacer la canción, no la tocamos. Creo que hay un montón de gente que compra nuestros discos y es lo bastante inteligente para comprender que frente al público no se pueden pretender ciertos efectos." Por eso, a Freddie le bastaba con proponer en escena la atmósfera de ciertas canciones, sin limitarse en modo alguno durante la fase creativa. Sin embargo, el álbum tardó en aparecer, no fue especialmente bien recibido por la prensa, que seguía considerándoles una mera copia de los discos compuestos por Led Zeppelin o los Who, y relativizaron la novedad que el grupo representaba para el panorama musical. Sin embargo, la determinante *Seven Seas of Rhye*, presente ya en el disco de debut en tanto que simple esbozo instrumental, agitó por primera vez las aguas del mercado que finalmente les estaba acogiendo. Freddie confiaba mucho en el potencial de ese tema, tanto como para convencer a los demás de que era perfecto para editarlo como tercer sencillo de su breve historia. La elección resultó ser un acierto: el tema marcó

AGOSTO 1973
Empieza la grabación de *Queen II*.

13 OCTUBRE 1973
Los Queen tocan por primera vez fuera del Reino Unido, en Bad Godesberg (uno de los cuatro distritos de Bonn, Alemania).

5 ENERO 1974
Proclaman a Queen como al tercer mejor grupo nuevo británico.

27 ENERO 1974
Primera gira por Australia para participar en el Festival de Música de Sunbury. Durante años, el concierto será recordado por sus aspectos negativos, los problemas técnicos y de acceso del público.

21 FEBRERO 1974
Los Queen participan por primera vez en el programa televisivo *Top Of The Tops* con el tema *Seven Seas of Rhye* (que aún no habían publicado).

23 FEBRERO 1974
Aparece en el Reino Unido el sencillo *Seven Seas of Rhye/ See What a Fool I've Been*, que llegará a la décima posición de la lista, también gracias a la promoción radiofónica del dj Kenny Everett.

1 MARZO 1974
Los Queen vuelven a estar de gira, en esta ocasión como cabeza de cartel en Gran Bretaña para promocionar su disco, de próxima aparición. La tournée llega a varias ciudades y locales, entre los cuales está el Rainbow Theatre de Londres para un concierto que hizo historia.

también el debut de *Queen* en el *Top Of The Tops*, programa puntero en la industria musical inglesa, y alcanzó la décima posición en la lista de ventas en la Gran Bretaña, por lo que se convirtió en el primer hit del grupo. El éxito de su tema acabó de convencer a Freddie de que la música era la única carrera posible en su caso. El menos convencido, pese a los primeros visos de cambio, era John Deacon que seguía manteniendo una actitud muy pragmática.
A finales de enero de 1974, los miembros del grupo tuvieron que vacunarse para su inminente viaje a Australia. La fortuna quiso que la aguja de Brian May no estuviera esterilizada: la inyección le provocó una infección que pronto se gangrenó y a punto estuvo de perder el brazo. Los compromisos crecientes del grupo los llevaron a subestimar las consecuencias de aquel incidente, tanto

"Jamás me he sentido líder de los Queen. La persona más importante, puede..."
FREDDIE MERCURY

que durante la gira como teloneros de los Mott The Hoople del mes de mayo siguiente, el estado físico del guitarrista empeoró y le diagnosticaron una severa hepatitis. Los continuos reveses obligaron a los cuatro a un parón del que no sabían cuando saldrían, aunque aquella decisión les permitió empezar a ordenar las ideas para un nuevo disco. Freddie fue el más determinado, en ese sentido: si no podían salir de gira, mejor ponerse manos a la obra con un nuevo álbum. La ausencia obligada de Brian, el autor con el que había dividido equitativamente los créditos en los discos, puso a Freddie ante el timón de las composiciones del grupo. Los demás, inevitablemente, acabaron por girar a su alrededor. Aunque le encantaba el material de *Queen II*, en esta ocasión Freddie decidió que había que simplificar el

Con los primeros éxitos cambió también la imagen de la banda, a la que Freddie hizo aportaciones constantes y decisivas

sonido, abreviar los temas y hacer más sencilla su estructura, cuidándola siempre hasta el mínimo detalle. El resultado fue un álbum bastante desigual pero más directo y que ya casi no contenía los ecos psicodélicos o progresivos que habían caracterizado muchos de sus primeros trabajos.

Entre los temas que había compuesto Freddie destacaban dos que se convirtieron en pilares del disco junto a *Now I'm Here* de Brian: *In the Lap Of The Gods... Revisited* y *Killer Queen*. La primera era una batalla de un exaltado dramatismo, que pasó a ser la clausura ideal de los conciertos hasta el advenimiento de *We Are The Champions* algunos años después, mientras que la segunda llevaba el glam de David Bowie y Marc Bolan al nivel de un refinamiento complejo que hicieron de ella uno de los sencillos más importantes del 1974, además del primer tema de Freddie que llegó al segundo puesto de la lista en el Reino Unido

8 MARZO 1974

Los Queen publican *Queen II*, que, en un alarde de sonidos agregados, llega a la quinta posición entre los más vendidos en Inglaterra. La cubierta del disco muestra a los miembros del grupo en la instantánea que se convertirá en una de las imágenes más famosas de la historia del rock. La fotografía era de Mick Rock.

12 ABRIL 1974

Los Queen vuelan a Estados Unidos como teloneros de los Mott The Hoople en una gira de 19 conciertos. A partir de esta experiencia, el grupo decide que no volverán a ser teloneros de nadie.

MAYO 1974

Tras seis conciertos consecutivos en Nueva York, Brian contrae una hepatitis y los Queen deben cancelar la parte final del tour.

11 OCTUBRE 1974

Sale el sencillo *Killer Queen*, que alcanza la segunda posición en las listas inglesas y la decimosegunda en los Estados Unidos.

23 OCTUBRE 1974

Publican el álbum *Sheer Heart Attack*, que se clasifica directamente en segunda posición.

1 NOVIEMBRE 1974

Comienza el tour europeo que culmina con dos citas en el Rainbow Theatre, filmadas por profesionales y publicadas en 2014 como *Queen Live At The Rainbow '74*.

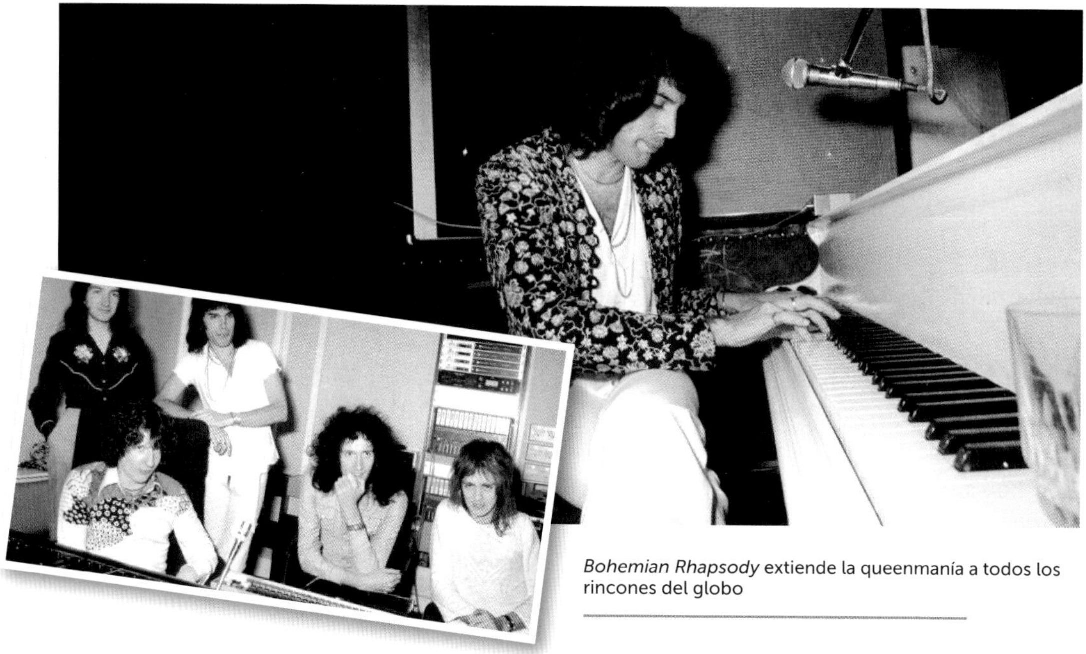

Bohemian Rhapsody extiende la queenmanía a todos los rincones del globo

y duodécimo en los Estados Unidos. "Estamos muy satisfechos de este tema: me llena de orgullo", declaró a la prensa. "Sencillamente, es una de las canciones que escribí para el álbum, no nació con la intención de convertirla en sencillo. En aquel momento era muy, muy distinta del material de Queen. Fue otro de los riesgos que corrimos. Todos los esfuerzos nos fueron devueltos con creces".

Pese a que el éxito de *Killer Queen* (y, de paso, de *Sheer Heart Attack)* le dio cierto optimismo al grupo y convenció definitivamente a John Deacon sobre la bondad del proyecto, a principios de 1975 los cuatro no estaban pasando por una buena época y aún se cernían nubarrones sobre sus cabezas. Buscaban una señal que les indicara que iban en la buena dirección y el éxito del sencillo escrito por Freddie se la dio. Pero hasta septiembre de 1975, unos meses antes de la salida oficial de *Bohemian Rhapsody*, los Queen estaban aún sin blanca y eran unos desconocidos, como la mayoría de los grupos que luchaban por destacar en el Londres de la época.

Uno de los obstáculos para su definitiva consagración, paradójicamente, era Trident, el sello que les había permitido publicar sus primeros dos trabajos, pero que a la vez les había negado casi todos los derechos. La empresa se había aprovechado de la inexperiencia del grupo y de su necesidad de darse a conocer, y les hicieron firmar un contrato tramposo que excluía a los músicos de casi todos los beneficios de su trabajo. Sin embargo, cuando el grupo se dio cuenta de que no había ganado nada con su música, inició una larga disputa legal por la propiedad de su catálogo.

Vencida la primera batalla y habiendo conseguido mantener en su entorno al productor Roy Thomas Baker, que les había ayudado a obtener aquel primer contrato y lo consideraban un quinto miembro del grupo, los Queen pudieron dedicarse a dar vida al cuarto álbum de su carrera. A diferencia del pasado, aquella fue la primera vez en que el grupo entró en el estudio sin tener la más mínima idea de lo que iban a crear: no tenían ningún tema terminado, más que algunos compases de *The Prophet's Song*, un tema de Brian May que, ironías del destino, sería la última canción que terminarían para el álbum (y, muy probablemente, la que hubiera pasado a la historia si no hubieran escrito *Bohemian Rhapsody*). En realidad, los cuatro miembros del grupo tenían alguna inspiración, pero no pasaban de ser sugerencias: la única cosa que les unía era el deseo de superar sus límites, de proyectarse, otra vez, más allá de sus posibilidades. Baker debió de tenerlo claro desde el principio porque una tarde, en casa de Mercury, asistió a una actuación que cambiaría la forma del concierto en la música pop. "Aquella tarde, Freddie se puso al piano", recuerda el productor, "y con gran desenvoltura me hizo escuchar una balada muy intensa cuya melodía me impresionó de inmediato.

> "Detesto la pretensión de analizar todas mis canciones a pies juntillas. No deberíais pedírmelo. Mis textos, en el fondo, los interpreta quien los escucha"
>
> **FREDDIE MERCURY**

Aún Freddie no había escrito toda la letra, por lo que a menudo añadía sonidos que se convertirían en el texto dramático y críptico que todos conocemos. Luego, se paró en seco y dijo: "Vale, ¡aquí empieza la sesión de ópera". El productor no tenía ni idea de que Freddie hablaba en serio.

Para los Queen nunca había sido fácil estar en un estudio y, en realidad, nunca lo fue a lo largo de su carrera. Sin embargo, de los en-

La canción

THE PROPHET'S SONG

La Boh Rhap *de Brian May*

1975, *A Night At The Opera*. Sopla el viento, intro ligera y onírica, un crescendo que culmina en una sesión de toques operísticos y un final de rock duro. No, no estamos hablando del tema más célebre del cuarto álbum de Queen sino de *The Prophet's Song*, para muchos la *Bohemian Rhapsody* de Brian May, sin duda uno de los temas más infravalorado de todo el repertorio de Queen. En ocasiones, el destino es realmente cruel: si en aquel disco no hubiera estado presente la que, en 1999, fue elegida la canción del milenio, esta joya creada por Brian May quizás hubiera pasado a la historia como algo sensacional.

Nacida de un sueño inquietante y obsesivo del músico, el tema presenta una estructura que, en cierto modo, seguía los pasos de la obra maestra de Mercury (pese a que nacieron juntas, no una tras otra) con un texto muy oscuro y una complejidad musical acorde. "Me despertaba con esas voces metidas en la cabeza, las había soñado y las recordaba de un modo muy vívido. Era un profeta que se dirigía a la población de la Tierra: se convirtió en una especie de obsesión", recordaba May. "Musicalmente, tenía que ver con

cuentros y las tensiones que caracterizaban las grabaciones acostumbraba a salir el mejor material compuesto por los cuatro. No obstante, *Bohemian Rhapsody* fue enseguida una historia en sí misma. "Fue siempre una criatura de Freddie quien, ya en el momento en que se la tocaba a Baker en el salón de su casa, sabía perfectamente cómo iba a sonar cada segundo de aquellos seis minutos", comenta Brian May. "Inicialmente no creímos que lo dijera en serio,

Japón, nos fascinaba a todos, y el koto de juguete que utilicé era realmente evocador".

Roy Thomas Baker, aún hoy, está convencido que se trata de una obra maestra absoluta del músico inglés: "Sigue siendo uno de los temas que más me gustan de los años setenta", declara hoy el productor. "No fue fácil trabajarlo. En su cabeza, Brian tenía clarísimo lo que quería, pero no fue sencillo llevarlo a la práctica. Utilizó una afinación particular y todo aquel *delay* de la parte central nos creó realmente muchos problemas".

La sección central, compuesta con una serie de voces que se repetían gracias al *delay* que Brian había hecho célebre con su guitarra Red Special, nuevamente puso de manifiesto la capacidad para la improvisación e interpretación de Freddie. Tanto, que May ha explicado: "Hice demos con mi voz para que comprendiera lo que tenía en la cabeza y él logró arrastrarme de nuevo con su improvisación".

A diferencia de *Boh Rhap*, cuya enloquecida parte operística cortaban en sus conciertos, el grupo fue más osado con *The Prophet's Song*: "Freddie escuchaba la parte central con auriculares para poder seguir la melodía", recuerda Baker. "En directo el efecto era realmente extraño, es una pena que dejáramos de tocarla pasados los primeros años".

Brian y Freddie, los grandes compositores de la banda

23 NOVIEMBRE 1974
Comienza el primer tour, que se inicia en Suecia y termina en Barcelona el 13 de diciembre de 1974.

1 ENERO 1975
Los Queen reciben un disco de oro por las ventas de *Sheer Heart Attack* en Gran Bretaña.

5 FEBRERO 1975
En Columbus, Ohio, los Queen empieza su primer tour estadounidense como cabeza de cartel. Gracias a las actividades de promoción, *Sheer Heart Attack* se coloca en el puesto número 20 y *Killer Queen* en el 12 de la clasificación americana. Acompañaran a Kansas y a los Styx.

19 ABRIL 1975
Primera actuación de Queen en Japón, en el Budokan de Tokio. El primer encuentro con los fans es memorable: se desata la Queenmanía, que durará hasta nuestros días.

22 MAYO 1975
Freddie Mercury recibe el premio Ivor Novello por *Killer Queen*.

28 MAYO 1975
Los Queen rompen con la Trident y Norman Sheffield y deciden contratar al manager John Reid.

JULIO 1975
Los Queen empiezan la grabación del álbum *A Night At The Opera*. El productor del disco seguirá siendo Roy Thomas Baker.

31 OCTUBRE 1975
Publican en Inglaterra el nuevo sencillo de Queen: *Bohemian Rhapsody*.

pero en realidad tenía una visión musical muy precisa desde el comienzo y que suena paradójico, teniendo en cuenta que ha

"¿El motivo de nuestro éxito, cariño? Mi gran carisma, claramente"
FREDDIE MERCURY

pasado a la historia como una de las canciones con más sonido añadido pero, en realidad, fue muy fácil de grabar, con la pista guiada solo por el piano, el bajo y la batería. Lo que nos complicó un poco la cosa fueron todos esos "Galileo".

En un grupo sin bases ni coristas, la aportación de Roger Taylor fue fundamentalmente la de replantear el sonido de Queen, incluso en directo

El ambiente del estudio, ya de por sí muy dinámico, vivió un empujón definitivo cuando grabaron la canción. Las ideas surgían sin parar y el deseo de experimentar, una característica que en aquella época unía a los cuatro, los llevaba a intentar soluciones inéditas, siempre con la divisa autoimpuesta de no utilizar sintetizadores. "Hasta *The Game*, donde no llegaban los sintetizadores, llegaba mi guitarra", apunta May. "En este sentido, *A Night At The Opera* es uno de los momentos en los que más conseguí ampliar los límites de mi estilo guitarrístico. Lo curioso de los temas de Freddie y especialmente de *Rhapsody* es que lograban inspirar mis solos en mayor medida que los temas que componía por mi cuenta. Es difícil de explicar, pero mientras escuchaba cómo tomaban forma esas obras de arte, sentía los solos en mi cabeza de una forma completamente natural".

Bohemian Rhapsody no fue fruto de la casualidad: Freddie llevaba tiempo trabajando composiciones operísticas, aunque aparentemente con la intención de obtener un tema más irónico que el que, 25 años después, sería votado como la mejor canción del milenio. Una de las características que unía y animaba muchos de los temas de aquel periodo de Freddie era aquella especie de espíritu burlesco que él siempre conseguía transformar en arte: "En realidad, se trata de tres canciones distintas que en un momento dado junté en una sola", admitió el cantante. "Siempre quise grabar algo operístico, con un tema inicial que estabilizase el ambiente, para pasar después a un rock que desembocara en una sesión de ópera –versión violenta–, y luego regresara al tema principal. No soy un experto en ópera, solo conozco algunas piezas. Quería crear algo de este tipo y, teniendo en cuenta las posibilidades de Queen, quería que fuera ópera con toques de rock".

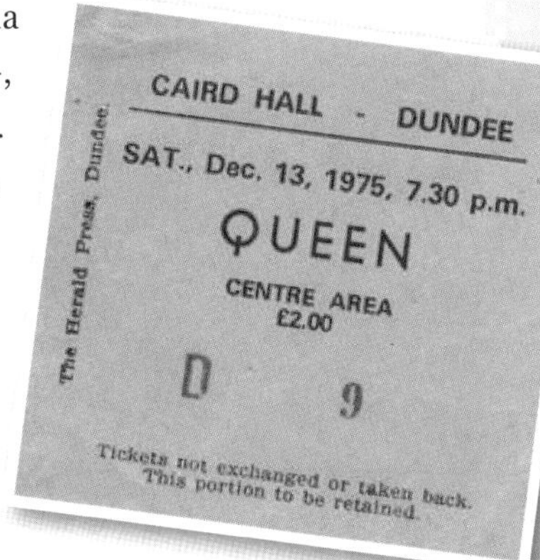

7 NOVIEMBRE 1975
Presentan *A Night At The Opera* en los Roundhouse Studios. Lo promocionan como el disco más caro de todos los tiempos, grabado en distintos estudios.

10-11-12 NOVIEMBRE 1975
Los Queen graban el vídeo de *Bohemian Rhapsody* en el Elstree Studio. Dirigido por Bruce Growes, esta grabación marca el nacimiento de los videoclips musicales, realizados con fines promocionales.

21 NOVIEMBRE 1975
Bohemian Rhapsody llega a la cumbre de las listas inglesas. Esa misma fecha se edita *A Night At The Opera*.

24 DICIEMBRE 1975
Los Queen se exhiben en un concierto especial en el Hammersmith Odeon de Londres. Grabado por la BBC, *Queen At Hammersmith 1975* es uno de los directos más famosos del grupo. En 2015 aparece con el título *Queen – A Night At The Odeon*.

20 ENERO 1976
Los Queen logran un récord. *Bohemian Rhapsody* supera las nueve semanas de permanencia en la cima de las listas de venta en Inglaterra. Freddie Mercury recibe el premio Ivor Novello por la composición.

31 ENERO 1976
La revista *Sounds* elige a Queen como al mejor grupo, *A Night At The Opera* como el mejor álbum y *Bohemian Rhapsody* como el mejor sencillo.

18 SEPTIEMBRE 1976
Los Queen actúan en Hyde Park ante unas 150.000 personas. En la época, fue el concierto con mayor afluencia de público.

10 DICIEMBRE 1976
Sale *A Day At The Races*.

18 OCTUBRE 1977
Bohemian Rhapsody recibe el premio al mejor sencillo del pop inglés publicado entre 1952 y 1977.

A Night At The Opera y *A Day At The Races* consagraron a Freddie y a los Queen entre los artistas más grandes de la historia

No obstante, el arte requiere mucho trabajo, y tecnología. Si *A Night At The Opera* fue durante años el álbum más caro de la historia, en buena medida se lo debe a las pistas que decretaron su éxito: tres semanas en distintos estudios de grabación para registrar una sola canción, aún hoy, dan fe de un *modus operandi* absolutamente demencial y pionero. Así, el proceso de grabación llegó a cimas insólitas y halló dificultades debido a que, paradójicamente, las ideas de Mercury trascendían las posibilidades ofrecidas por la tecnología de la época. Los cuatro eran perfectamente conscientes de que trabajaban en algo histórico, similar al *Sgt. Pepper's Lonely Hearts Club Band* de los Beatles o –en cualquier caso– un material igual de potente. El mayor problema fue el desgaste de las cintas que utilizaban: le dieron tantos giros a la de *BR* que, en un momento dado vieron que se estaba borrando. Corrían el riesgo de perder la música por la que tanto habían trabajado: una eventualidad que debían evitar a toda costa vista la cantidad de sonido añadido que habían elaborado durante esas semanas y que difícilmente podrían repetir fielmente. Además, el número de pistas disponibles era ciertamente mayor respecto del año anterior, pero aún no infinito, y aquella modalidad de grabación inusual precisaba de una cantidad notable de ellas. Ciertamente, una cantidad superior a las que el desarrollo de la tecnología del momento podía proporcionarles. Cada vez que Freddie añadía algo, otra cosa se perdía inevitablemente.

Los Queen tardaron dos meses en grabar *A Night At The Opera*: de agosto a septiembre de 1975. El resultado de aquellas sesiones confirmó el hecho de que, hasta el momento, la prensa inglesa había errado garrafalmente al definirles como de lo menos original que había aparecido en el Reino Unido a principios de los setenta. Además, con aquella obra maestra, que permanecería para siempre en el imaginario popular, Mercury había logrado pasar de excéntrico cantante glam a un genio absoluto de la música. Siempre le había desagradado que se hablara de él únicamente en términos de personaje –un aspecto que, sin embargo, había contribuido a crear con su vestuario–, subestimando el hecho de que sus composiciones poseían, desde sus inicios, los elementos que culminaron en este álbum. Pero ¿cómo habrían podido emitir, las radios, un tema de más de seis minutos? Pocos habrían corrido un riesgo parecido: entre estos, los Queen tuvieron la suerte de encontrar a Kenny Everett, dj amigo de Roger y de Freddie. "Recibí una llamada de Freddie, que me dijo: Ken, no sé qué he hecho. El otro día, en el es-

Escote impresionante y negro dominante: la imagen de Freddie seguía cambiando

Freddie y el piano: un binomio inseparable desde el debut hasta el fin de su carrera

tudio, terminamos este sencillo, pero dura demasiado y no sé si puede llegar a ser un éxito", recordó al cabo de un tiempo Everett. "Ven y lo escuchamos juntos, aunque dudo que alguien lo pueda emitir". Lo que no podría imaginar el presentador radiofónico es que el tema llegaría a ser una obsesión para él: "Era muy extraño, visto en retrospectiva, porque era fantástico, uno de esos temas que iban a ser de siempre. Era como si Mozart dijera: no sé si mi concierto de clarinete puede llegar a ser un éxito". Rompiendo la promesa que le había hecho de no emitirlo, Everett lo lanzó a las ondas en repetidas ocasiones, creando una histeria general que no existía desde los Beatles.

Finalmente, la realización del primer videoclip promocional de un grupo de rock vino a completar aquella obra revolucionaria de todos los cánones musicales. Lo rodaron en solo cuatro horas, para superar la imposibilidad de participar de nuevo en el programa televisivo *Top Of The Pops*. Sin embargo, una serie de conjunciones astrales hicieron que, con esta canción, el grupo ingresara en la historia por más de un motivo. Cuenta la leyenda que filmaron el vídeo con tanta prisa, que ni los miembros del grupo tuvieron tiempo de verlo antes de que lo emitieran. El clamor suscitado por el clip animó a los Queen a seguir por ese camino, a apuntar hacia un medio que –hasta entonces– habían utilizado poco, y que para ellos sería fuente de innumerables satisfacciones.

"Siempre he sabido que era una estrella, ahora todo el mundo está de acuerdo conmigo"

FREDDIE MERCURY

El éxito llegó de improviso, pero no era inesperado. Convencido como estaba de que era una cuestión de tiempo, Freddie reaccionó al entusiasmo creado por *A Night At The Opera* como si se trata de lo más normal del mundo. Todos querían contratar al grupo e interesaba a todos los medios, hacia los cuales Queen seguía sintiendo mucha prevención.

La urgencia creativa –unida al estímulo constante que aquel disco supo infundirle al grupo– los llevó de nuevo al estudio para uno de los desafíos más difíciles al que puede enfrentarse una banda: dar continuidad a su obra maestra. "Cada vez que entras de nuevo en una sala de grabación es más difícil", admitía con honestidad Mercury, "porque queremos progresar, escribir canciones que sean distintas de las anteriores. A medida que los álbumes se suceden, no puedes sino pensar: dirán que estoy repitiendo una fórmula. Soy perfectamente consciente de ello". La proverbial lucidez de Freddie se ratifica pronto en las reacciones a la aparición de *A Night At The Opera*. Hasta la portada –que mostraba el emblema diseñado por Freddie sobre fondo negro, en contraste con el blanco del anterior– remitía al pasado reciente, además de a la ya clásica dicotomía blanco/negro que acompañaba al grupo desde el principio. La elección gráfica, vista hoy, no contribuyó al éxito de un disco que partía ya con la desventaja de salir después de uno de los álbumes más influyentes de siempre. No obstante, *A Day At The Races* era otra obra maestra. Pese a que los arreglos no eran los de *BR* y *The Prophet's Song*, el grupo no renunciaba a sus ambiciones y sus puntos de vista. Además, Freddie era muy consciente de poseer el talento necesario para componer con extrema facilidad un instante clásico como *Somebody To Love*, una pieza de piano y voz de una intensidad tan increíble como *You Take My Breath Away*, y a la vez extravagancias sonoras como *The Millionaire Waltz* y *Good Old Fashioned Lover Boy*. Como era inevitable, las críticas banales no pasaron de la comparación entre ambos álbumes que, en realidad, no tenían gran cosa en común. Para la prensa, el grupo había perdido la oportunidad de dar el gran salto, pero para el resto del mundo los Queen se habían convertido en la mayor atracción del planeta. Con el permiso de sus detractores.

JUST A SINGER WITH A SONG

La música, el arte y la vida según Freddie Mercury. ¿Quién era realmente Freddie Mercury en la cumbre de su éxito? ¿El histriónico e irreverente cantante capaz de controlar locuras desatadas o el hombre solo y reservado que muy pocos amigos íntimos pudieron conocer? Tal vez la verdad estaba en medio, como a menudo le gustaba repetir a quien lo entrevistaba.

En la segunda mitad de la década de los setenta, Freddie Mercury era ya uno de los mayores iconos conocidos por la historia del rock. A pesar de las malas críticas de la prensa, en menos de diez años los Queen se habían convertido en una de las atracciones más asombrosas de los setenta y en buena medida se le atribuía el mérito a la figura de su líder. Siempre empeñado en tomarse poco en serio, pero a la vez determinado a convertirse en leyenda musical, Freddie había seguido poniendo el listón más alto, llegando a un zenit difícil de superar. Él, por otra parte, no había dudado ni un segundo al respecto: "Cuando se formaron los Queen, todos compartíamos el objetivo de llegar a la cima de la escena y ninguno se habría contentado con menos", solía decir. "Si uno empieza a pensar "igual no soy lo bastante valiente", mejor que lo deje. Debe existir una suerte de presunción, debes repetirte que serás el número uno, no el número dos".

Con su enloquecida visión musical, que mezclaba innumerables estilos capaces de crear un sonido inédito y que había llegado a su máxima expresión a mitad de la década, los Queen habían logrado romper todo tipo de esquema o barrera preexistente, y consiguieron incluso sobrevivir al maremoto del movimiento punk. Entre las filas de estos últimos estaban más interesados en barrer con todos los grupos valientes e innovadores, que en agitar las consciencias. "Todo ese asunto de los punks nos puso las cosas muy difíciles, en su momento llegué a pensar que sería nuestro fin", admitió Freddie en los años ochenta. "Pero, cuando nos desafían, logran el efecto del muelle que nos impulsa a continuar. Nunca olvidaré cuando estábamos grabando *Sheer Heart Attack*, la canción, y en el estudio contiguo estaban los Sex Pistols. ¡Ya nos podéis imaginar, a nosotros, y a esa idea del punk rock, de la música antisistema, todos bajo el mismo techo!".

Mercury, por su parte, había manifestado siempre muy poco interés por los argumentos realmente serios, que pudieran insinuar que tenía el poder y la pretensión de enseñar a vivir a los demás. Quien lo hacía le había parecido siempre presuntuoso, más que profundamente humanitario. Solía decirles a los amigos que, ciertas cosas, o las elaboras en tu vida cotidiana, o no eran más que un modo muy fácil de hablar de uno mismo utilizando los temas más sensibles

En 1997 el grupo tuvo que hacer frente a la onda punk, y resistió sin mayor dificultad

FREDDIE, LOS QUEEN Y EL MOVIMIENTO PUNK

Se ha hablado mucho de las relaciones entre los Queen y el movimiento punk que, justo cuando los primeros se hallaban en el techo del mundo, irrumpió a sangre y fuego en el Reino Unido, provocando la disolución de varias formaciones muy en boga. No era preciso ser crítico musical de la BBC para intuir las diferencias entre una banda como los Sex Pistols, por ejemplo, que se había hecho famosa con temas como *Anarchy In The U.K.* y *God Save The Queen* (no, no era la misma con la que Mercury y sus socios acostumbraban a cerrar sus espectáculos) y los Queen, que de algún modo representaban todo cuanto el nuevo movimiento quería destruir.

Los destinos de ambos grupos se cruzaron más de una vez, pero fueron célebres dos ocasiones. El 1 de diciembre de 1976, envalentonados con el éxito de *Anarchy In The U.K.*, los Pistols fueron invitados al célebre programa *Today*, en sustitución de los Queen, que no habían podido acudir. El presentador Bill Grundy provocó desde el primer momento a los miembros del grupo que, en estados alterados de conciencia, respondieron con algunas de las ocurrencias más vulgares que se han oído en una televisión inglesa. ¿El resultado? El inicio del "gran timo del rock'n'roll" y de su mito. Al cabo de un tiempo, coincidieron en unos estudios y, un Sid Vicious visiblemente fuera de sí, le preguntó a Freddie si finalmente había logrado llevar el ballet a las masas. De hecho, quien de los dos se mostró más acorde con la filosofía punk fue Freddie, que agarró del cuello a Stanley Ferocious (la primera vez que lo conoció personalmente, Mercury le puso ese mote jocoso) y lo echó por la puerta con malos modos, aunque con su habitual ironía.

Para algunos, la respuesta de los Queen al movimiento punk fue la grabación de *Sheer Heart Attack*, incluida en el disco *News Of The World*. Para otros, en cambio, la grandeza del grupo consistió en no doblegarse a un sonido que, decían, dominó el mercado como mínimo durante 10 años, pero cuya fuerza –en realidad– se agotó enseguida.

Paradójicamente, Queen y Sex Pistols comparten algunos de sus orígenes musicales. Como admitió luego Glen Matlock, histórico bajista original de los Sex Pistols, además de autor de casi todos los temas de *Nevermind The Bollocks*, los temas de la banda se inspiraban mayormente en los Who, uno de los grupos más apreciados por Queen y que la prensa británica más había relacionado con ellos en sus inicios. Señal, pues, que tras dos revoluciones que fueron básicamente culturales, existían bases musicales que unían a los dos grupos que, a simple vista, parecían situados en las antípodas. No es casual que gente como Dave Grohl y Kurt Covain, surgidos a partir del punk, indicaran que Queen era uno de sus grupos de referencia.

7 OCTUBRE 1977

Sale el sencillo de doble cara A *We Are The Champions/We Will Rock You*. Será el disco de Queen que más éxito tenga en América.

13 OCTUBRE 1977

Llega a las tiendas el enésimo doble cara A, en esta ocasión, Fat *Bottomed Girls/ Bicycle Race*.

28 OCTUBRE 1977

Se publica *News Of The World*, sexto álbum de estudio de los Queen. El primero en que la producción no es de Roy Thomas Baker.

31 OCTUBRE 1978

Para presentar *Jazz*, los Queen organizan una de las fiestas más célebres de la historia del rock: enanos, bailarinas, drogas y prostitutas fueron también protagonistas de una velada de la que se habló en el mundo entero.

14 NOVIEMBRE 1978

Se publica oficialmente *Jazz*, que alcanzará la cuarta posición en la Billboard 200 y la segunda en el Reino Unido.

26 ENERO 1979

Don't Stop Me Now es el último sencillo extraído de *Jazz*. Más de treinta años después, un estudio lo nombrará el tema más positivo de todos los tiempos.

Los espectáculos de finales de los años setenta serán recordados como algunos de los más incendiarios de los Queen

para la sociedad. "No me gusta servir las canciones con un mensaje, porque no estoy comprometido políticamente, a diferencia de John Lennon, por ejemplo. La política forma parte de mis pensamientos, claro, pero la rechazo porque somos músicos, no me apetece estar politizado y no creo tener talento para mensajes profundos. Lennon puede hacerlo, yo no". En este sentido, pensaba Freddie, era mucho mejor que hablaran de uno y de su arte, y de las provocaciones que siempre habían caracterizado al personaje, que además le permitían burlarse de una prensa que jamás había captado de verdad su alma. "La imagen es siempre parte importante del

La entrada de uno de los espectáculos inolvidables en Earls Court en 1997

Su garra y su presencia física: dos rasgos característicos de los conciertos en vivo

periodo creativo. Más o menos elaborada, tienes que formar y reforzar tu instinto al respecto. Puede ser un hallazgo que luego no funciona, o algo con qué jugar. Es toda una estrategia". Ciertamente, el éxito de los primeros años no fue debido al favor de la prensa sino a que en la radio (especialmente dj's como John Peel o Kenny Everett) comprendieron inmediatamente el potencial de un grupo rompedor como Queen y de la ultrajante arrogancia de Freddie, cuyo sentido del humor jamás captaron los periodistas, más ávidos en indagar sobre sus

"No quiero cambiar el mundo, dejo que las canciones que escribo expresen mis sensaciones y sentimientos"

FREDDIE MERCURY

preferencias sexuales, que sobre su calidad como autor. Paradójicamente, en pleno auge de grupos como Sex Pistols y Clash, Freddie no solo respondió a esa furia sentándose al piano, sino que alcanzó una de sus cumbres compositivas con *We Are The Champions*, uno de los

Recordado como un animal escénico, Freddie era un músico sensible e innovador

22 JUNIO 1979
Sale *Live Killers*, primer álbum en vivo de Queen.

30 JUNIO 1980
The Game marca un giro en el grupo: nueva imagen, nuevo sonido y utilización del sintetizador.

29 SEPTIEMBRE – 1 OCTUBRE 1980
Termina el mastodóntico tour *Game Tour* con cuatro actuaciones en el Madison Square Garden con todas las entradas vendidas.

8 DICIEMBRE 1981
Coincidiendo con la fecha de la muerte de John Lennon, los Queen publican *Flash Gordon*, banda sonora del filme del mismo título.

2 NOVIEMBRE 1981
Sale *Under Pressure*, en colaboración con David Bowie, como lanzamiento de la publicación de *Greatest Hits*, aún hoy el disco más vendido de la historia en el Reino Unido.

21 MAYO 1982
Hot Space, el álbum más controvertido de Queen llega a la cuarta posición en Inglaterra.

5 JUNIO 1982
Graban el concierto del Milton Keynes para una futura retransmisión televisiva. No saldrá publicado hasta el 2004.

temas más majestuosos y auto-celebratorios que escribiera jamás. Como si les estuviera diciendo: "Aquí estoy, queridos". Cuando, con el paso del tiempo, se intuyó que al punk también le gustaba el dinero, y que mucha de la filosofía que decían defender era de salón... sus palabras parecieron aún más lúcidas. Su coherencia y su deseo de hacer siempre y únicamente lo que quería fueron algunos de los aspectos que le garantizaron la estima de sus colegas músicos, tanto de sus contemporáneos como de los futuros. Incluso músicos tan poco sospechosos como Kurt Covain, otro que había crecido con el punk, se declaró fan de álbumes como *Queen II* y *News Of The World*, hasta el punto de citar a Freddie en la carta con la que se despidió al suicidarse. Como subrayando al líder de Nirvana, el cantante de Queen vivía para su público y de él extraía la energía y la inspiración de proyectarse siempre más allá, tal vez para acabar también en territorios difíciles de comprender para sus mismos fans. No pretendía agradar a los fans, ni educarlos. Quería que, de alguna manera, crecieran con él, porque consecuentemente también él se transformaría. Nunca lo dijo abiertamente nadie en el grupo, pero uno de los acuerdos tácitos entre sus miembros era no imitar jamás el álbum precedente. Ni siquiera cuando el éxito les hubiera permitido dormirse en los laureles y repetir una fórmula vencedora hasta el infinito. Quien no quisiera seguir esa trayectoria, podía ir tranquilamente por otro camino o escuchar a otro grupo. Amaba con locura a su público, una de las pocas cosas que le daban energía sin pedirle nada a cambio más que su pasión por el oficio, pero Freddie no habría cambiado para complacerlo. La única manera de ser creíble, en esos ambientes, era ser uno mismo y no un fantoche en manos de la industria musical.

> **"EL DINERO ES VULGAR, PERO MARAVILLOSO. TODO CUANTO LE PIDO A LA VIDA ES GANAR MUCHO DINERO Y GASTARLO"**
>
> *Freddie Mercury*

Con la fama aumentaron también los ingresos y, consecuentemente, la vida de Freddie adquirió un cariz distinto al de los inicios. Siempre le habían gustado la vida nocturna y sus excesos, por lo que, a partir de finales de esa década hasta los primeros años de la siguiente, sus extravagancias aumentaron de modo directamente proporcional al éxito. Los abusos de todo tipo de sustancias y la promiscuidad sexual de ese periodo llevaron a Freddie, de una parte, a olvidarse de su lado más introvertido y sentimental (el que siempre había ocultado a quienes le conocían superficialmente). Y por la otra, lo expusieron a peligros que infravaloró con ligereza. "El exceso forma parte de mi naturaleza. El aburrimiento me mata. No soporto aburrirme, necesito peligro y emoción. Me han dicho muchas veces que me aleje de los locales, porque son muy peligrosos. Pero yo me lo paso bien y no me da miedo exponerme", dijo. Para admitir después. "Los quiero a todos. Me siento un extraordinario objeto sexual y me enorgullece. Me han dejado por eso, pero no han comprendido como soy en realidad. Creo que soy una especie de figura materna para un montón de gente. Me gusta compartir los problemas con el prójimo". Este fue quizás el único momento en que cierta sensación de omnipotencia se apoderó de él, llevándole a superar muchos límites sin preocuparse por las graves consecuencias resultantes.

No obstante, el inmenso éxito del grupo no fue fruto de la casualidad sino de una dedicación total al oficio, que se manifestaba especialmente con toda su fuerza en directo. La potencia y la espectacularidad de sus conciertos, que también aumentó con su fama, se convirtieron en punto de referencia para quien soñara con tener un grupo, de 1975 en adelante, como pocos años antes lo habían sido Led Zeppelin o los Who. Si un álbum como *Jazz*, que había supuesto el regreso a la producción del gurú Roy Thomas Backer, había hecho alzar las cejas de los fans de primera hora, por alguna de sus soluciones inéditas, en directo el grupo alcanzaba una especia de cima, la punta ideal de un iceberg formado durante los años de duro trabajo, antes de alcanzar el éxito.

Siempre fiel a la idea de que la provocación es una de las mejores armas frente a un mundo obtuso como el de los medios, en esta ocasión el grupo recorrió medio planeta con un vídeo

Freddie enfundado en unos monos ajustados que lo harían célebre en los escenarios de medio mundo

La sorprendente carrera ciclista organizada en Wimbledon para la promoción de *Bicycle Race*: una de las mejores provocaciones de todos los tiempos

de sesenta y cinco chicas desnudas, inmortalizadas durante una carrera ciclista en el estadio de Wimbledon.

Si bien tiempo atrás Freddie debía limitarse a soñar, en aquellos momentos a los Queen les estaba todo permitido. Mezclando con mano experta música de calidad, decenas de hits y cañones de luces que la habían hecho entrar en la historia de los espectáculos en vivo, la banda, en estudio, podía permitirse cualquier tipo de extravagancia. Tanto, que se les ocurrió llevárselo todo de gira.

Homenaje a sí mismos y a su público, el primer álbum oficial en directo, *Live Killers*, constituye la verdadera suma de su credo y el punto de inflexión de sus ideales entre la primera parte de su carrera y la década siguiente, periodos que algunos consideran diametralmente opuestos. Pese a la profesionalidad y la energía de la banda, la fisicidad de Freddie –en ese periodo fascinado por los trajes y accesorios de piel de estética sadomasoquista, cada vez más rompedores y sensuales–, era su eje principal. El grupo, que solo ocho años antes intentaba darse a conocer en el underground de Londres, se había colado en las casas de todo el mundo, de los Estados Unidos al Japón, convenciendo a sus miembros de que nada podía erosionar su fama. "Mi responsabilidad respecto del público es la de crear un espectáculo

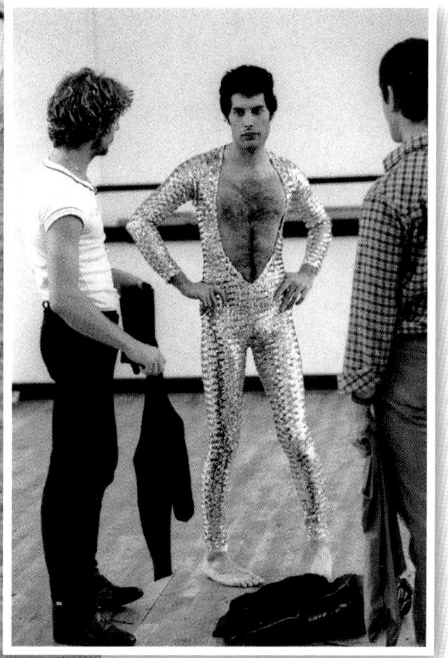

La experiencia en el Royal Ballet, uno de los grandes sueños realizados a lo largo de una vida dedicada al arte

bello y de asegurarme de que Queen ofrezca un entretenimiento bueno y consistente", dijo Freddie. "Tengo que conquistar a los espectadores y hacerles sentir bien, de lo contrario, no estoy haciendo mi trabajo".

En 1979 tuvo la oportunidad de afrontar otra de sus grandes pasiones, aquel ballet que decía querer llevar a las masas. "Todo empezó cuando el Royal Ballet me pidió que bailara con ellos, en 1979, ¡y yo pensé que se habían vuelto locos! Pero acabé por participar en una gala de beneficencia. Por lo que sé, fue la única vez que el

"Quiero ser el Rudolf Nureyev del rock'n'roll"

FREDDIE MERCURY

rock'n'roll se aventuró en el mundo del ballet. Una incursión en un ambiente en que la ma-

La grabación de *The Game* y la nueva imagen de Freddie, que desconcertó a los fans más veteranos

yor parte de los artistas de rock perderían los nervios". Efectivamente, Freddie había estado siempre fascinado por Nureyev y Baryshnikov, hasta el punto de declarar que se sentía una especie de *groupie* cada vez que asistía a espectáculos de tal belleza. Sin embargo, una cosa era marcarse unos pasos frente a una platea que no sabía nada de ballet, y otra bailar para un público altamente especializado y exigente. "En realidad, el mío era un simulacro

de ballet y sabía muy bien que introducir algo así en el rock'n'roll era escandaloso. Cuando comprendí realmente de qué se trataba, me asusté de veras". En cualquier caso, Freddie, amante de los desafíos, hizo un buen papel. Tanto que aquel extraño encargo entre danza y canciones de Queen terminó por hechizar al público y al resto de artistas que asistieron a la velada. Al final del espectáculo, fueron muchos los que se ofrecieron a unirse a las giras de Queen, justo lo contrario de lo que en principio pretendía la ocasión. De cualquier modo, el proyecto debió de parecerle demasiado estrambótico hasta al mismo Freddie, ni por un momento se le antojó realizable.

Tampoco el año 1980 le escatimó emociones a Queen. En pocos meses la banda publicó dos discos de ruptura total con el pasado y claramente ambiciosos. Por primera vez en sus vidas compusieron una banda sonora, la de *Flash Gordon*, y pasaron a ser una de las primera bandas de rock que componían la música de un filme de alto presupuesto. La aparición de un nuevo disco que creó mayor revuelo entre los fans fue la de *The Game*, el primer álbum que utilizaba sintetizadores de un grupo que se había jactado siempre de no usar "diabluras electrónicas" durante sus sesiones de estudio. Con su aparición, este álbum suscitó una notable perplejidad de la crítica, ya fuera desde el punto de vista musical o por la imagen que el grupo daba de sí mismo (el look, fundamental en la música rock, lo era aún más en un grupo como Queen).

Efectivamente, la cubierta del disco presentaba a cuatro personajes vestidos de cuero negro que recordaban más a los grupos de motoristas de los años cincuenta que al grupo ambiguo y decadente de álbumes anteriores. A ello vino a sumarse la primera aparición de Freddie con su nueva imagen con el pelo corto y (en los videoclips de los dos sencillos *Play The Game* y *Another One Bites The Dust*) con el bigote que le acompañaría a lo largo de los años ochenta.

Más allá de la utilización de tecnología con la que aún no se había experimentado, lo que provocó el delirio de sus fans fue la incursión del grupo en el funk y en el disco, dos pasiones que compartían únicamente John y Freddie. Si bien a este último siempre le había gustado

Freddie y su público: lo único que realmente necesitaba.
Encima: Freddie con Elton John

Sin despreciar sus inmortales obras de estudio, donde la banda se hizo legendaria fue sobre los escenarios, en directo

cierta sonoridad, dada su predilección por locales nocturnos y discotecas, la verdadera alma negra del grupo siempre había sido Deacon. De su intuición nació *Another One Bites The Dust*, que se convirtió en el sencillo más vendido del grupo.

La utilización de cánones distintos a los que habían caracterizado su música abrió mercados que, hasta el momento, eran hostiles al grupo, o al menos no se interesaban mucho por su propuesta. Fue entonces cuando empezó la historia de amor entre Freddie y Sudamérica. "Al principio, fuimos porque nos invitaron. Querían a cuatro tíos con buena reputación que sonaran bien. Al final, quería comprarme el continente entero y tomar posesión como presidente".

El ocho de diciembre del mismo año ocurrió algo que trastornó a Freddie. En la acera del Dakota Building donde vivía junto a su esposa Yoko Ono, Mark Chapman asesinó a John Lennon. Para Mercury fue un momento muy dramático, puesto que Lennon había sido su gran fuente de inspiración, un guía que lo acompañó hasta su desembarco en el viejo continente. La tragedia le afectó de tal modo que le dedicó al ex Beatle uno de los temas de *Hot Space*, titulado *Life Is Real*. "En general escribo antes la melodía que la letra, pero en este caso fue al contrario: páginas y páginas de letra, y luego llegó la música. Sentía que podía ser algo a lo Lennon. Habiendo escuchado un montón de canciones suyas, pensé que podía recrear el tipo de atmósfera que le pertenecía. Busqué adaptar un texto con versos un tanto surreales, que en mi opinión eran su sello estilístico".

Pese al cambio de sonoridad que se produjo en el tiempo, en directo los Queen siempre llevaron a escena espectáculos rock dinámicos y sorprendentes

La oda a Lennon era una de las poquísimas pistas sobre los orígenes musicales directos de la banda, dado que el resto del disco se caracterizaba por un sonido similar al del disco precedente, solo que más exasperado. El mismo Freddie eligió el camino a seguir, tal vez como consecuencia del éxito planetario de *Another One Bites the Dust*, e influenciado por la música de moda en los locales de Mónaco (donde se había mudado unos meses atrás, y donde el grupo grabó el siguiente álbum). La sonoridad generalmente fría y la distancia que Brian May y Roger Taylor mantuvieron durante la grabación influyó de manera determinante en el resultado final del disco, siempre menos apreciado que el resto por los fans.

La canción

LIFE IS REAL (A SONG FOR LENNON)

El 8 de diciembre del 1980 Mark Chapman, un hombre mentalmente perturbado y completamente obsesionado con la figura de John Lennon, esperó durante horas bajo la casa del ex Beatle para asesinarle ante su mujer. Ese gesto absurdo conmocionó profundamente a Freddie Mercury por, como mínimo, dos motivos. El primero, por lo que Lennon había representado siempre para el líder de los Queen; el segundo, por el hecho de que él también era una estrella del rock de fama mundial, potencialmente expuesto a la misma eventualidad. Enterados de la noticia estando de gira, los Queen decidieron inmediatamente rendirle un homenaje a una de sus mayores fuentes de inspiración cantando en directo uno de sus mayores éxitos: "Imagine". Sin embargo, Freddie quería ofrecerle un homenaje más personal y sentido a su ídolo, que mostrara al mundo entero lo que sentía de veras por aquella pérdida tan dolorosa. Así que se puso a trabajar en un nuevo tema, que pretendía impostar la melodía con la perspectiva musical típica de Lennon y, de algún modo, recrear el sonido. Lo que surgió fue una canción que parece recorrer las varias épocas del Lennon post-Beatles, filtradas por la sensibilidad de Freddie, que en la letra intentó elaborar un duelo difícil. A fin de cuentas, Freddie había sido una de sus mayores influencias cuando llegó a Londres, y había desaparecido de un modo muy dramático. La resignación y la frustración que expresa el título son muy evidentes en el texto, cuya melancolía acaba por emerger aún más en el hecho de que el tema se incluyera en el álbum *Hot Space,* caracterizado por sus ritmos funk/dance y, por lo tanto, lejísimos –tanto musicalmente como en las letras– de esa canción. La inspiración para el título le llegó de "Love", uno de los temas de John que más le gustaba Freddie, y uno de cuyos versos decía: "*Love is real/real is love*" (el amor es real/ real es el amor). No obstante, a algunos les pareció casi una respuesta a la pregunta: "*Is this the real life? Is this just fantasy?* (¿Es esto la vida real? ¿Es solo fantasía?) con la que, años antes, Mercury había pensado abrir *Bohemian Rhapsody*. Pese a que deseara, con todo su ser, que se tratara de una simple fantasía, Freddie había comprendido que la vida era tristemente real y aquel "*Life is a bitch*" (La vida es una zorra), susurrado al final del tema, lo explicaba mucho mejor que tantos, e inútiles, juegos de palabras.

Los años ochenta se inician con un Freddie menos vinculado a la sonoridad del rock y más a una voz rompedora. Para algunos, el mejor de siempre

En honor a la verdad, no faltaban temas excelentes y, a menudo, la impresión no era tan distinta a la de años antes, pero, en opinión de demasiados, el salto fue excesivo. Si hubiera salido al cabo de unos meses, tras la publicación de *Thriller*, del amigo Michael Jackson, probablemente *Hot Space* hubiera recibido comentarios más benevolentes, pero la intuición de Freddie fue incomprendida en ese momento. "Pensad en los riesgos que corrimos con ese álbum. Era un buen disco. Buscábamos nuevos territorios, nuevas salidas, era una manera de canalizar nuestras energías de distintas maneras", admitió Mercury al cabo de unos años. "Toda aquella moda del dance/funk fue fundamentalmente idea mía y es evidente que no funcionó. Creo que quizás se avanzó a los tiempos, pero en aquel momento era lo adecuado". Con todo, el álbum contenía la joya de *Under Pressure*, enésimo clásico del grupo, surgido por sorpresa en colaboración con otra leyenda de la música pop: David Bowie. El sencillo se tomó su tiempo hasta convertirse en el primer *Greatest Hits* del grupo, contribuyendo a que fuera, con el paso de los años, el disco más vendido de todos los tiempos en el Reino Unido. No estaba mal, para un grupo al que apenas diez años antes se consideraba una copia desvirtuada de Led Zeppelin.

LIVING ON MY OWN

La discusión con los compañeros y el debut solista con Mr Bad Guy *antes del triunfo del Live Aid. Las luchas internas de los Queen fueron frecuentes, pero se agudizaron cuando las distintas ideas musicales de cada grupo pusieron en riesgo su futuro. En este clima tuvo lugar el debut como solista de Freddie, que en su mente habría querido superar incluso el éxito de la Queen. Finalmente, Bob Geldof pondrá orden a esa situación.*

Los primeros estallidos de mal humor de Freddie surgieron durante las sesiones de *Hot Space*, el primer álbum de estudio de los Queen que no fue objeto de la devoción de todo su núcleo duro de fans. La vida caótica y disoluta que vivía de nuevo en Mónaco y sus clubes había terminado por alejarlo un poco de los compañeros, además de influir radicalmente en sus visiones musicales. Nunca antes tan cercanas a sonoridades muy distintas de la que habían caracterizado los primeros diez años de carrera del grupo. La convicción de poder crear algo que no tuviera necesariamente que incluir a sus compañeros se insinuaba cada vez con mayor énfasis en su cabeza.

Los años en Alemania habían causado estragos, dividiendo de hecho a los componentes mucho más de lo que se daba a entender en el exterior. Si se excluyen los dos temas firmados por Larry Lurex de Freddie Mercury (1973), el primer miembro que debutó como solista fue Roger Taylor en abril de 1981. Eso hizo que Brian May, a finales de 1983, publicara un EP con su nombre y convenciera a Freddie de que la única manera de seguir era ponerse también al piano. Superándolos, naturalmente. "Creo que cualquier artista que forma parte de un grupo desea afrontar un día u otro un proyecto solista", declaró en su momento. "Pienso que está en el metabolismo de todos. Siempre he querido tener un proyecto propio, pero creo que la gente estaba convencida de que lo iba a hacer en mis primeros cinco años de carrera, disolviendo el grupo. No podía ser así porque existen unos celos innatos entre los componentes de un grupo, y todos habrían esperado mi álbum para ver si había conseguido hacer algo mejor a lo último de los Queen".

"Soy la puta de la música"
FREDDIE MERCURY

A principios de los años ochenta, Freddie estableció una relación privilegiada con Michael Jackson, que en la época estaba grabando *Thriller*. Por un instante pareció que su primera escapada de Queen habría podido ser junto al futuro Rey del Pop: se encontraron ambos en los estudios de Jackson y salieron con tres

Freddie y Michael Jackson

The Works marcó el regreso hacia una sonoridad más acorde con la trayectoria de Queen

temas demo incompletos que vieron la luz en los años sucesivos, aunque de manera muy distinta a como habían sido concebidos por ellos dos. *State of Shock* (dueto con Mick Jagger) y *Victory* hallaron especio en el siguiente álbum de los Jacksons, mientras que *There Must Be More To Life Than This*, un tema propuesto por Freddie, acabó en su primer álbum como solista y, treinta años después –en la versión de Jackson–, en la recopilación *Queen Forever*. Sus caminos, sin embargo, pese a haber estado muy cercanos durante algún tiempo, se dividieron de pronto: "Yo y Michael nos hemos alejado un poco tras el enorme éxito que obtuvo con *Thrilller*. Sencillamente, se ha retirado a un mundo propio. Hace dos años nos divertíamos mucho saliendo juntos por ahí, pero ahora ya no quiere salir de su fortaleza".

Tras el trabajo realizado algunos años antes para *Flash Gordon*, la ocasión para el deseado debut solista le llegó del cine. Giorgio Moroder le pidió a Freddie la banda sonora de su nueva versión de *Metropolis*, el filme de Fritz Lang cuya reedición estaba dirigiendo George Moroder en 1984. Mercury, que ya llevaba algunos meses elaborando ideas para el que sería su primer álbum y pensó

PRIMAVERA 1983

Freddie vuela a Los Ángeles para grabar algunos temas con Michael Jackson, *Victory*, *State of Shock* y *Love Me Like There's No Tomorrow*. Solo este último verá finalmente la luz al año siguiente.

VERANO 1983

Se inician oficialmente los trabajos de su primer álbum sin los Queen, que no terminaran hasta enero de 1985.

23 ENERO 1984

El sencillo *Radio Ga Ga* se coloca entre los cinco primeros en las listas de todo el mundo, convirtiéndose en un nuevo hito de la carrera de Queen.

FEBRERO 1984

Los Queen participan en el Festival de San Remo en calidad de estrellas invitadas. Es su primer concierto en Italia.

27 FEBRERO 1984

Sale *The Works*, decimoprimer álbum de estudio de los Queen.

2 ABRIL 1984

Sale el hilarante videoclip de *I Want To Break Free*, en el que los miembros del grupo se travisten de mujer. La polémica dará la vuelta al mundo y, de hecho, les cerrará las puertas del mercado americano.

14-15 SEPTIEMBRE 1984

Los Queen actúan por primer y única vez en Italia, con dos encuentros históricos en el Palacio de Deportes de Milán, que el año siguiente se hundirá bajo el peso de la nieve.

que *Love Kills*, un tema descartado por Queen durante las sesiones de *The Works*, casaba a la perfección con la atmósfera de la película y se lo propuso a Moroder, que quedó estupefacto. Pese a algunos temores reverenciales por parte de los dos, la cosa acabó bien y *Love Kills* se convirtió en uno de los temas destacados del álbum. "Me encantan todos aquellos con quienes he trabajado, en general los cantantes son gente muy simpática", recuerda Moroder. "Solo tuve algún desencuentro con uno de los más grandes: Freddie Mercury. Tenía que hacer la música para el filme mudo *Metropolis* y uno de los pocos problemas que tuve fue con *Love Kills*. Freddie era un tipo que te imponía mucho respeto. Por otra parte, ¿cómo hubiera podido ser de otro modo? Se trataba de uno de los mejores artistas, compositores, cantantes y autores de la historia. En definitiva, un verdadero divo". Es difícil determinar si el tema descartado por Queen del que se apoderó se parecía o no al de la banda sonora. Es cierto que, desde un punto de vista puramente musical, el tema parecía recoger el hilo de un discurso iniciado con los dos últimos discos del grupo, marcados por una clara predilección por una sonoridad aplastantemente electro/dance.

Pese a algunos puristas a los que no les entusiasmó, el sencillo llegó a la décima posición de las listas inglesas, confirmando a Freddie que aquella era la vía a seguir en un futuro álbum de canciones inéditas. Además, el cantante no lograba sacarse de la cabeza el hecho de que *Another One Bites The Dust*, en su momento primer sencillo salido, en parte, del estilo de Queen (gracias a sus trajes negros), era uno de los mayores éxitos comerciales del

La imagen con la que las masas recuerdan al líder de Queen: bigote y pelo en pecho a la vista.

grupo. Que fuera precisamente el mismo Michael Jackson quien le aconsejó ese camino, además, le había dado alas a Freddie. Sin embargo, a lo largo de 1983 los Queen no habían programado ningún concierto y la grabación de *The Works* ralentizó el proceso de composición del material solista de Freddie, que en la práctica concluyó casi dos años después. Un poco como había ocurrido con el primer álbum de Queen, cuando el grupo grababa sus canciones en los tiempos muertos que otros artistas les dejaban en los estudios, Freddie se encontró trabajando en sus temas en los espacios libres entre las sesiones de grabación con los compañeros.

Aunque, a fin de cuentas, más que una dificultad real en la aproximación a una música que no implicara a los otros Queen, el proceso creativo que llevó al nacimiento de *Mr. Bad Guy* se re-

Camisa extravagante para promocionar su debut sin los Queen

10 SEPTIEMBRE 1984
Mercury publica *Love Kills*, sencillo incluido en la banda sonora de la nueva versión del filme *Metropolis* (editada por Giorgio Moroder).

11 ENERO 1985
Frente a una multitud enloquecida, los Queen suenan como cabeza de cartel en la primera edición del Rock In Rio. Será uno de los poquísimos conciertos de aquel año.

9 ABRIL 1985
Acompañado de un gran clamor mediático, aparece el sencillo *I Was Born To Love You* que se anticipa veinte días a su debut solista. Llegará a la decimotercera posición en el Reino Unido.

29 ABRIL 1985
Sale finalmente el esperado *Mr. Bad Guy*, primer álbum solista de Freddie Mercury.

1 JULIO 1985
Columbia publica *Made In Heaven*, segundo sencillo extraído del disco en solitario.

17 JULIO 1985
Los Queen triunfan en el Live Aid organizado por Bob Geldof. Se considera, casi por unanimidad, el mayor espectáculo rock de la historia de la música.

18 NOVIEMBRE 1985
Seleccionan *Love Me Like There's No Tomorrow* como el último sencillo extraído de *Mr. Bad Guy*.

9 ABRIL 1986
En el Dominion Theatre de Londres se estrena *Time*, el musical de Dave Clark para el que Freddie grabó el tema homónimo y *In My Deference*.

COLABORACIONES FALLIDAS

A lo largo de su carrera, Freddie Mercury recibió un número considerable de propuestas de colaboración, pero, a diferencia de Roger Taylor y Brian May, no fue tan frecuente escuchar su voz en álbumes que no fueran de Queen o propios. Su amigo Ian Hunter, Billy Squire y los Cross de su compañero Roger fueron algunos de los afortunados que pudieron jactarse de haber contado con Mercury en sus trabajos, pero las colaboraciones fallidas fueron mucho más sonadas. Entre estas, la más clamorosa es la que no tuvo lugar con Michael Jackson, que solo culminó cuando ambos artistas habían pasado ya a mejor vida. "Teníamos entre manos una canción de Michael, *State Of Shock*", recuerda Peter Freestone, asistente personal de Freddie durante buena parte de su vida. "Jackson necesitaba una segunda voz y a Freddie le alegró mucho poder ayudarle. Desgraciadamente, cuando faltaba solo la última confirmación, sus caminos tuvieron que separarse y él la grabó con Jagger". El tema acabó en *Victory*, el álbum de los Jacksons que Michael había accedido a grabar para ayudar a sus hermanos, tras el éxito estratosférico de *Thriller*. Freddie y Michael trabajaron juntos en el título del tema del disco, aunque quedó inédito. "Solo había un técnico en el estudio, ni instrumentos ni músicos. Michael lo tenía todo en la cabeza y Freddie lo captó al vuelo, tenían la misma manera de aproximarse a la música". Luego fue Mercury quien le propuso algo en lo que estaba trabajando y que acabaría en su primer álbum solista, *Mr. Bad Guy*. La versión demo de *The Must Be More To Life Than This,* un dueto, circuló durante años por la web hasta que, en el 2014, la familia Jackson y los restantes miembros de Queen decidieron que era el momento de publicarla. La interpretaron de nuevo para incluirla en *Queen Forever* y la canción sigue siendo, sin duda alguna, una de las grandes ocasiones fallidas de la historia del pop: hiper-producida y desnaturalizada, pese a un excelente solo de May, la balada resulta postiza y anticuada. Igual de sugerente era el proyecto que debería haber unido a Freddie Mercury, Rod Stewart y Elton John. Fueron los dos a la villa que el cantante de Queen tenía en Bel Air donde, tras una

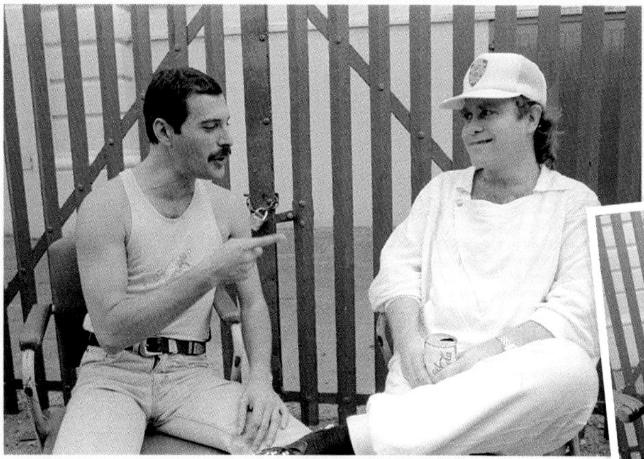

Freddie con Elton John y Rod Stewart. A la izquierda, con Michael Jackson a principios de los ochenta

noche en que estuvieron bebiendo, pensaron que sería magnífico formar un supergrupo. ¿Cómo llamarlo? Nose, Teeth & Hair (Nariz, Dientes & Pelo), una clara referencia a los rasgos físicos de cada uno de ellos. Como era de imaginar, teniendo en cuenta el ego de los implicados, el asunto no llegó a buen puerto. Sin embargo, Rod Stewart, algunos años después, grabó un tema con Freddie cuyo título provisional era *Piece Of My Heart* y que muchos años después, se transformó en *Let Me Live*, incluido en el álbum póstumo *Made In Heaven*, aunque no conservaba la sesión cantada por Rod Stewart.

Mirada profunda para la sesión fotográfica de *Mr. Bad Guy.*

trasó debido al exceso de compromisos concomitantes. Tras años en estudios, infinitos tours y otros tantos álbumes, Freddie comprendió que si no sacaba algo propio iba a enloquecer. Sin que ello – aunque las relaciones entre los miembros del grupo no habían sido nunca tan tensas – significara el fin de Queen. "Era una ocasión para hacer ciertas cosas sin los demás, una bocanada de oxígeno, aunque no fuera una elección de los Queen. Fue una época en la que estaban constantemente de gira, periodos de tres y cuatro meses tras los cuales todo era terrible: te entraban ganas de abandonar los escenarios. Luego, en lugar de parar, volvíamos a los estudios a darle de nuevo, en un proceso que partía de cero a cada ocasión. Yo estaba harto, y los demás también, y tenía la necesidad de alejarme para hacer cosas distintas". Aunque hubiera sido mucho más fácil recabar la ayuda de la EMI, la histórica

"No soy de esos obsesionados con la fama. ¿Cómo podría, si ya soy famoso?"

FREDDIE MERCURY

discográfica de Queen, Freddie consiguió firmar un contrato faraónico con Columbia, de modo que su proyecto en solitario y los nuevos discos del grupo no tuvieran nada que ver. Las cosas se pusieron en marcha en la segunda mitad de 1983, cuando un equipo integrado por Mack (el productor de confianza de Queen), un grupo de músicos de gira alemanes y Fred Mandel (que ya había estado de gira con el grupo inglés durante la promoción de *Hot Space*) se unió a Mercury en los Musicland Studios de Mónaco. La idea inicial era la de partir de un par de temas escritos por Freddie junto a los Queen, pero que fueron descartados de *Hot Space* y de *The Works*. Temas como *There Must Be More To Life Than This* y *Man Made Paradise* eran demasiado buenos para quedar relegados a una cinta de casete. Con los nuevos materiales, Freddie se

La presentación con toda la pompa del debut solista más esperado de los años ochenta

dejó llevar por su instinto, sin ponerse límites de ningún tipo, y tomándose el tiempo necesario para perfeccionar las composiciones hasta que estuvieran a la altura de sus rigurosísimos estándares. El hecho de no tener que rendirle cuentas a nadie y de no tener que enfrentarse a otros músicos de su nivel fue, por una parte, una ventaja que le permitió atreverse con cosas que probablemente, con Queen no habrían visto la luz. Además, impidió que algunas canciones se convirtieran en clásicos del rock: escuchando el álbum, al cabo de los años, da la sensación de que habría podido tener un impacto distinto sin la utilización de una batería electrónica y con uno de los solos clásicos de Brian May. "Cuando trabajas en un álbum en solitario, solo debes responder ante ti mismo y encuentro que para mí es más fácil así. Tomo todas las decisiones y, aunque a veces sea más complicado, salen mejor las cosas", admitió en aquel periodo. "Tenía un montón de ideas a punto de explotar como no había ocurrido jamás con Queen. Quería recuperar algunas cosas, como los ritmos del reggae, y en un par de piezas utilicé hasta una orquesta". Más allá del aspecto puramente musical, *Mr. Bad Guy* causó sensación sobre todo por las temáticas de los textos, tal vez los más íntimos que escribiera Freddie. Él, que llevaba años de-

La canción

LOVE ME LIKE THERE'S NO TOMORROW

Un álbum sembrado de referencias autobiográficas como *Mr. Bad Guy* no podía sino cerrar con un tema al que Freddie parecía muy apegado. Pese a que los ritmos de sus inicios solistas fueron en general alegres y orientados hacia una tendencia disco-pop pegadiza, Mercury pensó que concluir con una balada al piano rompería con el tono general del disco y le daría mayor empaque. Además, no hay que infravalorar el hecho de que, en una época en la que el vinilo era aún el principal vehículo del goce musical, se escogiera el último tema con especial atención, porque realizaba un papel clave en la gradación de un álbum.

Aún hoy, la melodía y la letra de *Love Me Like There's No Tomorrow* siguen estando entre las más intensas que escribió Freddie y siguen poseyendo la típica fascinación de los temas iniciales del artista, cuando se sentaba al piano. Como ha sucedido tantas veces con Queen, Mercury solía dar lo mejor de sí mismo ante el piano, al menos en lo que a expresividad emotiva se refiere, y condensaba en pocas estrofas los estados de ánimo que no siempre lograba expresar públicamente. Como algunas de las canciones escritas recientemente por los Queen (como "It's a Hard Life" o "Is This The World We Created"), el cuarto sencillo extraído de *Mr. Bad Guy* mostraba el lado menos fanfarrón y festivo de Freddie y recordaba perlas como "My Melancoly Blues" o "Love Of My Life". La fuerte carga autobiográfica del tema, magníficamente explicitada en las exhortaciones a ser amado por tu pareja como si la humanidad no tuviera futuro, era mucho más que un ejercicio de estilo de un músico que conocía ya los gustos de su público.

La destinaria de la canción era la alemana Barbara Valentin, con quien Freddie mantuvo una relación amorosa muy intensa entre 1984 y el año siguiente. Es decir, cuando compuso el tema. El mismo título se hacía eco de *Kiss Me Like There's No Tomorrow*, un filme que Valentin había protagonizado poco tiempo antes. En el texto, también en este sentido idealmente relacionado con el de "Love of My Life", un hombre muy romántico se esfuerza por aceptar la partida de su amada, sabedor en el fondo de que quizás sea la última vez que la vea. A la sazón, la historia con la diva del cine se terminó durante la producción del álbum.

Love Me Like There's No Tomorrow muestra al Freddie más íntimo y pasional

clarando que no le interesaba exponerse explícitamente en sus canciones, y que había minimizado siempre el significado de sus letras, descubría que se abría claramente en una serie de temas que, en apariencia, podían parecer entre los más frívolos de su carrera. Además de la citada *There Must Be More To Life Than This*, baladas como *Made In Heaven*, *Love Me Like There's No Tomorrow* o *My Love Is Dangerous*, estaban llenos de referencias autobiográficas. Por no hablar del tema que da título al álbum, una de las obras maestras del disco que, con su grandilocuencia, se anticipaba algunos años a la locura del proyecto *Barcelona* junto a Montserrat Caballé.

Como declaró el mismo autor, inicialmente la elección del título recayó en *Made In Heaven*, pero el componente personal de un tema como el seleccionado acabó venciendo a todos los demás. "Puse todo mi ser (alma y corazón) en *Mr. Bad Guy* y creo que es un álbum muy espontáneo. Contiene algunas baladas muy conmovedoras, que hablan de melancolía y de dolor pero que, a la vez, son frívolas, irónicas, porque yo soy así." En definitiva, Freddie había conseguido poner música a sus dos estados de ánimo, el histriónico y exagerado que mostraba en el escenario y el más íntimo, desconocido por la masa. Lo mismo cabe decir de la cubierta del álbum, en la que Freddie les dedica el disco a los amantes de los gatos del mundo entero

Bigote y camiseta de tirantes para las sesiones fotográficas de *The Works*.

("¡Los demás que se fastidien!") Por más que su amor por los felinos era conocido, muchos sonrieron al leer una dedicatoria tan sincera.

Freddie estaba realmente convencido de la verdad de su debut, tanto que, aunque se había mostrado siempre muy diplomático, en el fondo probablemente estaba convencido de haber llegado a cotas similares o superiores a las que había alcanzado con Queen. No obstante, aunque inicialmente el álbum había obtenido resultados notables, fue desapareciendo con el paso del tiempo. Visto en perspectiva es difícil, aunque no imposible, captar los motivos de aquella relativa desilusión: si bien es cierto que la curiosidad por ver la obra de Freddie en un contexto distinto era muy elevada, la ausencia del resto de compañeros de aventuras frenó a muchos fans. Además, el material con el que había trabajado era tan variado y, a menudo, contradictorio, que el resultado fue el de una falta de homogeneidad general que, ciertamente, no jugó a su favor. Diez años después, en el momento de homenajear al amigo con un álbum póstumo, Brian May, Roger Taylor y John Deacon decidieron trabajar como grupo en dos temas extraídos de *Mr. Bad Guy*, como eran *I Was Born To Love You* y *Made In Heaven* (que le dio nombre al proyecto), demostrando que también ellos contaban con material interesante.

Las ventas del disco no fueron muy destacadas y devolvieron de golpe a Mercury a la realidad. Tal vez, por un instante, cruzara por su cabeza la idea de que podía superar a Queen, pero de pronto se daban cuenta de que eso no iba a ser posible. Y no por motivos económicos, sino simplemente porque comprendió que volver con Queen era la única cosa que de veras deseaba. A fin de cuentas, las sacrosantas aventuras en solitario que se habían concedido habían sido un verdadero saneamiento para el grupo. Además de quitarse la espinita y de acabar con fuertes tensiones, esos discos demostraron manifiestamente que su fuerza estaba en trabajar juntos. A los temas de *Mr. Bad Guy*, como a los de Brian y Roger, aunque de excelente calidad, les faltaba algo. Y el reciente *The Works* era una buena muestra de ello. Con todo, fue en 1985 cuando los Queen estuvieron más cerca de disolverse.

Intercambio de opiniones con David Bowie en el backstage del Live Aid

Hubo otro hecho que contribuyó al riesgo de una ruptura mayor del grupo: pocos meses antes de grabar *Mr. Bad Guy*, Dave Clark contrató únicamente a Freddie para trabajar en un par de temas de su musical *Time*. De aquella colaboración surgió la canción que daba título a la obra y el tema *In My Defence*. El espectáculo cosechó tal éxito que permaneció dos años ininterrumpidos en cartelera en el Dominion Theatre de Londres (en 1988, para dar un fin digno a la aventura, Freddie salió al escenario junto a Cliff Richard en la que sería la última aparición de este último en público).

Como si fuera señal del destino, una tarde de primavera se produjo una llamada de teléfono que cambió para siempre el curso de sus vidas y, en cierto modo, la de la historia del rock. Bob Geldof, líder de los Bootown Rats, estaba organizando, junto a Midge Ure de los Ultravox, el que sería el mayor evento musical de la historia y que, en definitiva, le quitó el cetro del mayor espectáculo y manifestación del milenio a Woodstock.

La idea de Geldof consistía en reunir en dos ciudades, Londres y Filadelfia, al mayor número de estrellas del rock para recaudar dinero para Etiopía, azotada por una terrible carestía. Presentado como un verdadero *jukebox* global, el concierto fue concebido a partir de otro proyecto de Geldof y Ure, un sencillo benéfico grabado por un grupo de artistas procedentes del Reino Unido y de Irlanda, llamado Band Aid. Freddie había sentido mucho que no le invitaran a cantar en el *Do They Know It's Christmas?* porque entre las figuras implicadas en el proyecto había algunas de las estrellas más famosas del planeta. Y él, naturalmente, hubiera querido estar entre ellas.

Sin embargo, cuando Geldof le

Queen en el Live Aid: los veinte minutos que cambiaron para siempre la historia de la música en vivo.

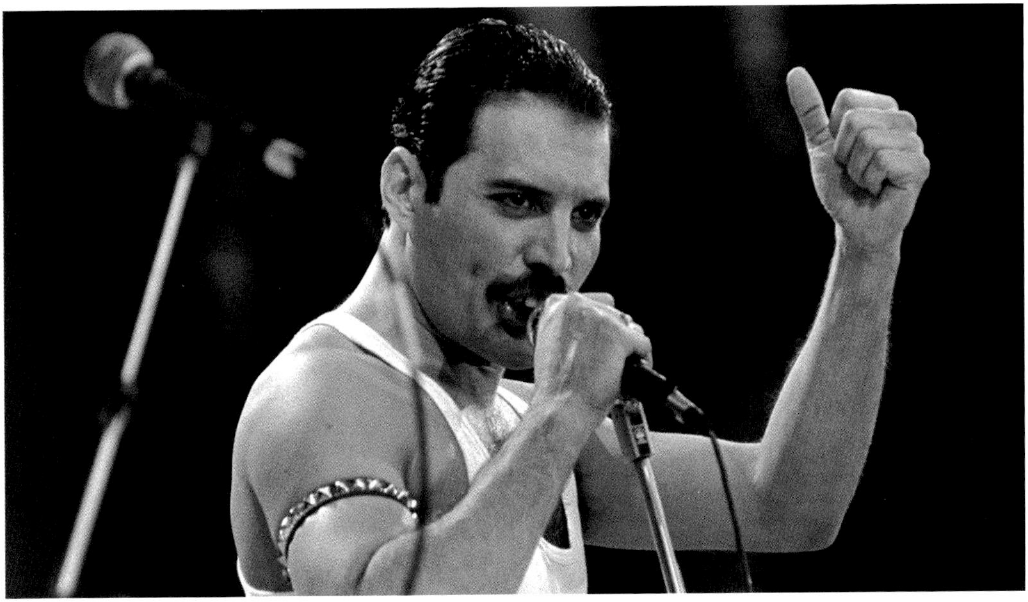

pidió a Queen que participara en el espectáculo, la respuesta fue negativa. Aunque, poco después, aquel pequeño resentimiento, relacionado con estúpidos motivos de ego, desapareció ante la idea de contribuir a una causa tan noble y que, además, sería retransmitida por Mondovisione. No en vano la generosidad era una de las características más notables de Freddie, por lo que era impensable que un desastre como aquel no lo conmoviera. “Cuando vi por primera vez aquellas informaciones, me afectó tanto que no pude acabar de verlo, tuve que apagar el televisor. Te enteras de que pasan cosas así, y piensas que no puedes hacer nada al respecto. A menos que no estés convencido de ser la Madre Teresa del rock’n’roll. Bien, pues creo que ahora mismo, Bob Geldof es eso, la Madre Teresa del rock’n’roll”.

Dada la cantidad de grupos presentes y los tiempos televisivos, las reglas eran férreas: ningún grupo podía tocar más de veinte minutos. Los Queen se reunieron para decidir los temas más adecuados para demostrarle al mundo entero lo lejos que estaban de la ruptura. En 13 de julio, a las 18.40 horas, el grupo salió al escenario del estadio de Wembley y las canciones elegidas, perfectamente equilibradas entre presente y pasado, fueron *Bohemian Rhapsody*, *Radio Ga Ga*, *Hammer To Fall*, *Crazy Little Thing*

La energía en el escenario de Wembley

Called Love, We Will Rock You y *We Are The Champions*. Más tarde, a las 21.50 horas, Brian y Freddie regresaron al escenario para interpretar *Is This The World We Created*, escrita a cuatro manos unos meses antes acerca de la pobreza en el mundo. "Es muy curioso, pero aquella canción la compusimos mucho antes de que naciera el proyecto Live Aid. La escribimos pensando en el sufrimiento y el hambre de los niños del mundo, y era tan apropiada para la ocasión que decidimos que, sin duda, teníamos que tocarla."

Freddie, como el resto del grupo, vivió aquella noche en estado de gracia. Hacía tiempo que en sus ojos no brillaba esa luz que, durante años y desde los inicios, había caracterizado sus conciertos. No era tan solo el hecho de hallarse ante un estadio atestado, ni la conciencia de aparecer en Mondovisione, ni el deseo de honrar un evento de aquella categoría... aquella noche los Queen querían demostrar, mayormente a sí mismos, que seguían siendo un grupo y, además, la mayor máquina de conciertos de todos

los tiempos. Pese a que actuaron artistas como U2, David Bowie, Bob Dylan y Led Zeppelin, reunidos para la ocasión al cabo de cinco años de separarse, todos los que estuvieron en el concierto, comprendidos los que salieron al escenario antes o después de ellos, dicen sin dudarlo que la de los Queen fue la actuación más increíble de la velada.

Más allá de juicios subjetivos, es lícito pensar que, sin aquel directo, la última parte de la carrera del grupo habría sido muy distinta. Poco tiempo después, animados aún por la respuesta del público, se encerraron de nuevo en un estudio y dieron vida a *One Vision*, un tema que, en realidad, dio la señal de salida al trabajo para un nuevo álbum. El segundo factor que animó a la banda a componer música nueva fue la petición del director Russell Mulcahy de que le hiciera una canción original para su filme *Highlander*. El visionado del primer montaje de la película convenció al grupo para componer toda la banda sonora que, en la práctica, se transformaría después en *A Kind of Magic*, probablemente el mejor disco del grupo desde hacía varios años. Superado ese arrebato por cierta sonoridad eléctrica, temas como *Who Wants To Live Forever*, *One Year Of Love*, *Princess Of The Universe* y el mismo título del disco habían llevado a Queen de vuelta a los territorios que todos amaban. La gira que le siguió, la mayor de su historia, revalidó su estatus de mejor grupo de la década, aunque resultaría ser también la última de su vida.

FREDDIE EN LA ÓPERA

El proyecto de Barcelona con Montserrat Caballé y el sueño de fundir rock y ópera. El deseo de experimentación de Freddie alcanzó una de sus cumbres con su colaboración con la célebre soprano española, de quien siempre había sido un entusiasta admirador. Un disco loco y genial, que dio vida a un nuevo género musical.

BERENICE

"Hola, ¿Montserrat? Soy Luciano. Me han llegado voces de que estás dispuesta a aceptar la propuesta del cantante de Queen sobre un álbum que reúna el rock y la música lírica. ¿Te has vuelto loca? La nuestra es una música de serie A, no puedes mezclarla con la música pop, sería despectivo e irrespetuoso. Eres una de las sopranos más célebres del mundo, puedes quedar en ridículo ante todos. Hazme caso". La llamada del Gran Luciano fue, quizás, la advertencia más clamorosa que recibió Montserrat Caballé durante los meses anteriores a la grabación de *Barcelona*, uno de los álbumes más desconcertantes de los años ochenta, aunque ni mucho menos la única.

La noticia de su colaboración con Freddie Mercury había dado rápidamente la vuelta al mundo y llegó a oídos del famoso tenor italiano, que se apresuró a darle su opinión a la soprano. Unir rock y ópera, uno de los deseos más cosechados de Mercury, era inaceptable para los amantes y, sobre todo, para los protagonistas mundiales de la lírica. Un poco como los músicos clásicos, los cantantes de ópera estaban más que convencidos de poseer un *quid* del que carecían los ídolos del pop-rock. La mera idea de estar en la misma cesta enfurecía hasta al más imberbe de los mezzo tenores. Además, el proyecto pareció cuanto menos bizarro también en el ámbito del rock, en apariencia menos conformista, aunque conservador como todos los círculos, a fin de cuentas. Cierto que, en ese momento, las colaboraciones, incluso entre géneros diversos, eran un hecho consolidado y el crossover, que en sus inicios se consideraba una moda destinada a desaparecer rápidamente, había supuesto un

La melancolía del Great Pretender.

auge de bandas roqueras olvidadas como Aerosmith. Pero la idea del líder de Queen parecía el capricho de una superestrella aburrida que busca reconocimiento mediático. No era así, de hecho, en aquella época Freddie no se aburría en absoluto.

Con los Queen en *stand-by* tras el triunfo del *Magic Tour*, el músico no se había concedido ni un mes de descanso. La publicación de la versión de *The Great Pretender*, aparecida en febrero de 1987, daba prueba de ello. Freddie quería seguir por una senda que le parecía inconclusa y deseaba explorar en mayor medida su capacidad de intérprete puro, aunque también la de autor fuera de los esquemas. Además de encumbrar un clásico de 1956 a la cima de las listas de éxitos, el vídeo podía preciarse de mostrar a un Freddie distinto del que el público solía ver. Había desaparecido el bigote que le había identificado desde inicios de la década, aunque lo llevara aún en la portada del disco sencillo y en algunos fotogramas del mismo vídeo. No obstante, impresionaba el aspecto de Freddie, que había cambiado mucho. La irónica recuperación de los travestismos utilizados durante casi veinte años de carrera con los Queen, además de la participación de Roger Taylor vestido de *drag queen*, querían poner de manifiesto la buena sintonía "filosófica" entre el Freddie hombre y el personaje de la canción de los Platters. Pero, al mismo tiempo, era imposible no percibir un velo de melancolía que tal vez no se filtrara en el pasado. Freddie siempre había podido ocultar sus propios sentimientos tras el personaje que había creado, pero ya no lograba contener su parte más sensible y menos histriónica.

No se ha revelado en qué momento se enteró Mercury de su estado de salud. Hay quien dice que el año anterior se le había diagnosticado un contagio de VIH,

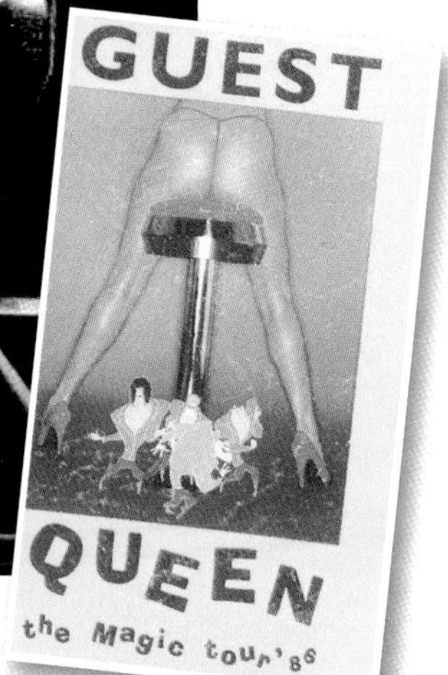

La última gira de los Queen fue la más multitudinaria.

El espectáculo del *Magic Tour* consagró definitivamente a Freddie como icono absoluto del rock mundial

aunque las fuentes son inciertas y contradictorias. Mary Austin sostiene que Freddie conocía ya esa horrible sentencia cuando emprendieron la gira *Magic Tour*. Está claro que, cuando sacaron el nuevo sencillo, sabía que había contraído un virus que le iba a causar la muerte en pocos años. La sensación era que el artista, que aparecía por primera vez ante su público tras los triunfos del año anterior, no conseguía enmascarar completamente sus miedos bajo el maquillaje habitual.

Sin embargo, las voces que insistían en un inminente álbum de versiones quedaron acalladas por las relativas a su colaboración con la Caballé, a quien Freddie siempre había admirado y con la que se comprometió a finales del último tour con Queen. "Creo que Montserrat tiene una voz maravillosa. Se me ocurrió decirlo en la televisión española y ella me escuchó. Luego, solo sé que me llamó y me propuso hacer algo juntos. Me quedé estupefacto. La adoro y adoro la ópera, pero jamás habría pensado en poder cantarla". En realidad, hacía años que Freddie pregonaba su veneración por la voz de la imponente diva española, pero con aquella *boutade* televisiva sin grandes pretensiones, estaba sentando las bases para la realización de uno de los grandes sueños musicales de su

FREDDIE
EN ESPAÑA Y LATINOAMÉRICA

"El grupo revelación de 1974." Así se presentaba Queen en el cartel anunciador de su primer concierto en España, que tuvo lugar en el Palau Municipal d'Esports de Barcelona. Todavía no era la banda capaz de llenar grandes auditorios, pero ya mostraban las formas que les harían llegar a lo más alto. En el concierto de la Ciudad Condal tocaron los temas de su disco *Sheer Heart Attack*, que habían editado pocas semanas antes y que había de permanecer durante más de cuarenta semanas en las listas de los discos más vendidos en el Reino Unido. Este tercer disco -que llegaba después *Queen II*, con el que se habían consagrado en su país-, significó una catapulta mundial y definitiva para el grupo liderado por Mercury.

La siguiente visita de Queen a España fue el año 1979, cuando realizaron tres conciertos en Barcelona, los días 19, 20 y 21 de febrero en el mismo Palau d'Esports que habían visitado cinco años antes y un concierto más en Madrid, en el Pabellón del Real Madrid, el día 23 de febrero, y dentro de su gira Live Killers Tour. Los medios de comunicación les prestaron ya esta vez una mayor atención, con críticas positivas por su grandioso espectáculo y alguna de negativa que hacía referencia a lo llamativo de su vestimenta.

Entre 1980 y 1981 Queen salía de nuevo de gira con The Game Tour, e incluyó en su lista de visitas algunos países de América Latina, como Argentina (en plena dictadura y un año antes de la Guerra de las Malvinas), Brasil, Venezuela y México. En el país azteca realizaron dos actuaciones, en Monterrey (Estadio Universitario) y en Puebla (Estadio Olímpico Ignacio Zaragoza).

En 1986 el grupo volvía de nuevo a pisar la península ibérica, esta vez dentro de su gira Magic Tour, con la que visitaron el Miniestadi del FC Barcelona el 1 de agosto, dos días más tarde lo hacían en el estadio de Vallecas (Madrid) y el día 5 recalaban en Marbella. En Barcelona actuaron bajo un escenario barroco y efectista que, junto a la música del grupo, forjó una unión muy especial con los miles de fans que pudieron verlos, y que seguro sigue grabada en la retina de los espectadores después de todos estos años. El 5 de agosto actuaban en Marbella, ante 26.000 personas, concierto en el que Freddie desplegó una enorme Union Jack tras de sí, en vez de la tradicional capa y corona, ya que buena parte de su vestuario había sido destruido en el *backstage* de Madrid tras una pelea.

ACTUACIONES

13.12.1974
Barcelona (Palau Municipal d'Esports)

19.02.1979
Barcelona (Palau Municipal d'Esports)

20.02.1979
Barcelona (Palau Municipal d'Esports)

21.02.1979
Barcelona (Palau Municipal d'Esports)

23.02.1979
Madrid (Pabellón del Real Madrid)

1980-1981
Gira The Game Tour, que incluía Argentina, Brasil, Venezuela y México

01.08.1986
Barcelona (Mini Estadi)

03.08.1986
Madrid (Estadio del Rayo Vallecano)

05.08.1986
Marbella

Una de las imágenes simbólicas del *Magic Tour.*

vida, más aún cuando era consciente de que no le quedaba mucho tiempo.

La respuesta afirmativa de la diva de la ópera hizo que Freddie volara a España cuando acababa de aparecer el sencillo que, en la cara B, contenía la primera tentativa real de Mercury de basarse en una sonoridad parecida a la de la ópera: *Exercises In Free Love*, escrita junto a Mike Moran. "Freddie estaba extremadamente entusiasmado", recuerda Moran. "Quería llevarse algo que ella no conociera ya a través de sus colaboradores, para que lo escuchara. Por fin se reunieron y, al menos al principio, fue todo bastante embarazoso porque no se conocían. Fue Freddie quien rompió el hielo. Armándose de valor, le hizo escuchar el tema que había escrito conmigo, que se inspiraba en su impresión de cómo cantaba ella. Montserrat se quedó atónita al escucharlo". Una vez más, había jugado sus cartas de la mejor manera: la canción (titulada de nuevo *Ensueño* y cantada por la Caballé) se convirtió en el eje entorno al que giró todo el proyecto que, al cabo de poco, no se había limitado a transformarse en sencillo sino en un auténtico álbum, pionero donde los haya.

El 27 de marzo de 1987, en el Hotel Ritz de Barcelona, tomó forma el mayor desafío que tuvieron que enfrentar jamás ambos, la clásica situación en que el riesgo es muy superior a la apuesta. Montserrat, sorprendiéndoles a todos, declaró que no solo había quedado sin palabras cuando escuchó el tema, sino que lo estrenó pocos días después en primicia mundial en el Covent Garden, y que quería que el mismo Moran estuviera en el escenario tocando. La impecable ejecución del siguiente 29 de marzo, en Londres, suscitó una ovación con el público en pie y, una vez más, Freddie quedó extasiado con la presencia y la voz de la Caballé. Tras el recital, Freddie, Mike, Montserrat y su hermano Carlos cenaron juntos en casa del líder de Queen. A los postres, la soprano les preguntó si les gustaría escribir una canción sobre su ciudad natal, un homenaje que pudiera convertirse en himno de las Olimpiadas que se celebrarían en la localidad catalana en 1992. Naturalmente, les encantó el proyecto. Estuvieron de tertulia hasta entrada la madrugada, pese a que Carlos había dicho que su hermana y él se retiraban pronto. Eran las cinco de la mañana cuando se marcharon de casa de Mercury. Esa misma noche Freddie, Mike y Montserrat trabajaron juntos en las ideas que, después, serían la base de *Barcelona* y de *The Fallen Priest*. "Aquella noche escuchamos de todo, de Aretha Franklin a Jennifer Holliday", recuerda aún Moran. "Y a Montserrat se le daba de fábula la música góspel como a ninguna diva hasta entonces. Percibía muy bien esa fantástica sensación de libertad artística que Freddie le infundía.

De festejos en compañía de Mary Austin.

Decía que era espectacular estar con personas para quienes la música era una expresión natural, en lugar de un ritual".
Si la idea inicial era la de dar vida a un solo tema, Freddie casi se desmayó cuando Montserrat, con una naturalidad extrema, comentó que le gustaría componer temas suficientes para sacar un disco entero. "Me preguntó: ¿Cuántas canciones hacen falta para un álbum como los que grabas con Queen?", recordó Freddie al cabo de unos meses. "Y yo le dije que unos ocho o diez temas. "¡Pues vamos a ponernos a escribirlos ahora mismo!", concluyó ella". En realidad, llevar a cabo un proyecto como aquel no fue sencillo ni, mucho menos, rápido.

21 MAYO 1986
Aparece *A Kind Of Magic* (62 semanas de permanencia en las listas, mejor posición: número uno). Contiene algunos de los temas más célebres de siempre de Queen: *One Vision*, *Who Wants To Live Forever* y el que da título al álbum.

24 MAYO 1986
Sale el sencillo *Time*, tema del musical de Dave Clark, que alcanza el número 24 en las listas inglesas.

7 JUNIO 1986
En Estocolmo, Suecia, empieza el *Magic Tour*, la gira más importante y la última de la carrera de los Queen.

11-12 JULIO 1986
Los Queen celebran dos conciertos históricos en el estadio de Wembley, Londres. El espectáculo del día 12 se graba para retransmitirlo en Mondovisione a través de la cadena Tune Tees.

9 AGOSTO 1986
Se celebra el concierto más multitudinario de los Queen en tierras británicas, en el parque de Knebwoth. Sobre un escenario de casi 600 metros cuadrados, cuentan con 180 amplificadores, 14 kilómetros de cable, 5 unidades electrógenos que alimentan 5.000 altavoces. En el escenario, una pantalla de 6 metros por 9 cuyo excepcional peso debe ser equilibrado con una enorme cisterna de agua. Ninguno de ellos imagina que será su último concierto con Freddie Mercury.

Las sesiones de grabación se iniciaron a finales de enero de 1987, y no terminaron hasta el siguiente verano, justo antes de que los trabajos para el nuevo álbum de los Queen fueran tan absorbentes que no les dejaran tiempo para nada más. Sin embargo, durante aquel periodo las cosas se ralentizaron también por otros motivos. No había manera de estar los dos en el estudio, debido a los múltiples compromisos mundiales de la soprano.

"No creo que un hombre de cuarenta años deba seguir llevando mallas. No me parece apropiado. Sería una gran equivocación, sería estúpido"
FREDDIE MERCURY

Freddie y sus colaboradores trabajaron casi siempre de manera solitaria, grabando ya fuera sus partes o las que Montserrat necesitaba como líneas directrices. Fue en ese momento cuando Freddie compuso algunos de los temas más sorprendentes sobre su vida, publicados al cabo de muchos años en el mastodóntico estuche retrospectivo *The Solo Collection*. En la demo, que había volado a España, Freddie cantaba en falsete la parte de la Caballé, con interpretaciones de escalofrío que demostraban, una vez más, que era uno de los cantantes más completos de la historia del rock. Otro de los motivos que demoraron tanto la grabación fue la decisión de no utilizar una auténtica orquesta para las partes musicales, aunque sí los últimos hallazgos de la tecnología. Mientras Freddie y Mike Moran se ocupaban de las pruebas y las partes musicales, David Richards, con quien los Queen se habían sentido de fábula en *A Kind Of Magic*, se pasaba el día entero manipulando cachivaches electrónicos de última generación. "Recuerda que, en esta fase, trabajamos mucho para que los instrumentos electrónicos parecieran de veras. A veces era frustrante, porque pensaba que una verdadera orquesta habría sonado mejor.

Freddie sostenía que de la otra manera no habría podido mantener en control absoluto de la orquestación, y que habríamos acabado añadiendo gente de carne y hueso". Viene especialmente al caso con la canción que da título al álbum, que se beneficia sin duda de la presencia de instrumentos auténticos, no de sintetizadores. La sensación de que una verdadera orquesta habría hecho que el proyecto fuera realmente sensacional se confirmó 25 años después, cuando reeditaron el álbum en una versión completamente interpretada por músicos, aunque, pese a todo, el valor de la obra sigue siendo indiscutible.
Nadie había ido tan lejos en términos de mezclas y fusiones: lograr que fuera creíble y atractivo para los amantes de ambos géneros. Las críticas, como de costumbre, fueron dispares, pasando de los airados desprecios (hijos del rencor que siempre habían despertado Freddie y los Queen) a los entusiasmados comentarios que situaban al cantante en el punto más alto de

13 OCTUBRE 1986
En unos informativos de *News Of The World* se hacen eco de una noticia aparecida en la prensa sensacionalista según la cual, en 1985, Freddie se habría hecho las pruebas del SIDA.

ENERO 1987
Comienzan los trabajos para la creación del álbum *Barcelona*.

23 FEBRERO 1987
Mercury publica la versión de *The Great Pretender* de los Platters, que en su cara B incluye el inédito *Exercise In Free Love*.

26 OCTUBRE 1987
Polydor publica *Barcelona/ Exercise In Free Love*, el primer sencillo de Freddie Mercury y Montserrat Caballé.

ENERO 1988
Los Queen entran en estudio para trabajar en *The Miracle*.

4 ABRIL 1988
En el escenario del Dominion Theatre, Freddie Mercury aparece durante el musical *Time*. Junto a él, otro mito de la música británica: Cliff Richards.

8 OCTUBRE 1988
En el Festival La Nit de Barcelona, Freddie Mercury y Montserrat Caballé aparecen en el que será su último concierto juntos. Debido a una afección en la garganta de Freddie, el concierto se ofrece en playback.

10 OCTUBRE 1988
Sale *Barcelona*, segundo álbum en solitario de Freddie Mercury, esta vez en colaboración con la soprano española Montserrat Caballé.

La cubierta de uno de los discos más experimentales de la década

su carrera. Sin duda, *Barcelona* es un álbum impresionante. Como siempre, cuidado hasta el último detalle por su detallista autor, el disco poseía algunas de las características de su carrera, pero llevadas al extremo. Cabía imaginar que iba a dividir al público y a la crítica. La decisión de mezclar distintos estilos, en lugar de limitarse a la vertiente más operística, fue la mejor que pudieron tomar. Había temas como *La Japonaise*, influidos por la atracción que Freddie sentía por Oriente, así como experimentos góspel (*The Golden Boy)* y un par de pasajes (*Guide Me Home* y *How Can I Go On*) para deleite de los fans de Queen. Además, el cantante había convencido a Tim Rice, celebérrimo autor de algunos de los musicales más famosos del mundo, para que le compusiera algunos textos, lo que había dado incluso más lustre a la obra. Por otra parte, y por primera vez, las letras de Freddie empezaron a reflejar cierta incertidumbre respecto del futuro, hoy imposible de separar de su conciencia de que se le estaba acabando la vida. Aunque era impensable llevar todo ese trabajo de gira (y no sólo porque sus condiciones de salud ya no eran óptimas), el 8 de octubre de 1987, Freddie y Montserrat aparecieron juntos en La Nit, en

"Si fuera a morir mañana,
no me preocuparía.
La vida me lo ha dado todo.
¿Volvería a hacer
todo lo que he hecho?
Claro, ¿por qué no?"
FREDDIE MERCURY

espectáculo de masas celebrado sobre la escalinata del castillo de Montjuïc en Barcelona, con motivo de la llegada de la bandera olímpica procedente de Corea. En presencia de los reyes de España, Freddie y Montserrat interpretaron tres temas para Mondovisione, *Barcelona*, *The Golden Boy* y *How Can I Go On*, extraídos de su álbum conjunto.

Debido a la excitación ante el acontecimiento, y probablemente al avanzado estado de su enfermedad, Freddie tuvo una afección de garganta y pidió cantar en playback. Al parecer, nadie se dio cuenta y el evento fue un éxito. No tenemos la certeza, pero puede que Luciano Pavarotti se pasara la velada maldiciendo. En aquel mismo instante, Montserrat le estaba ro-

La vehemencia y la teatralidad hallaron la manera de mostrarse de nuevo en "Barcelona"

bando una idea en la que llevaba años pensando y que, con aquella llamada telefónica a su colega, algunos meses antes, había pretendido proteger. Tal vez no sea casualidad que entre los principales invitados a la primera edición de Pavarotti & Friends estuviera Brian May. Como tampoco cabe sorprenderse de que, al cabo de 10 años, el mismo Pavarotti rizaría el rizo de la última versión de la kermesse con el retorno de la marca Queen a Italia, casi veinte años después de San Remo 1984. Todas ellas tentativas de colmar el vacío dejado por la imposibilidad de unir su voz a la de Mercury, como sí logró la Caballé.

Barcelona no solo selló la histórica colaboración entre dos superestrellas de ámbitos musicales diametralmente opuestos, también marcó el nacimiento de una amistad real, que duró hasta la desaparición del artista. Montserrat se enamoró perdidamente del entusiasmo y del dinamismo de Freddie, que le permitió darse a conocer como realmente era, sin ningún trasvestimiento. Las palabras escritas por la soprano al cabo de ocho años, en el prólogo del libro *The Freddie Mercury Story – Living On The Edge* de David Bret, son de lo más explícitas sobre el amor y la estima que sentía por el cantante de Queen. "En toda Europa, en América, en Japón, dondequiera que cante, se me acercan fans de Freddie Mercury. Me preguntan cómo fue trabajar con él. Me cuentan cuánto le quieren aún, y que una parte de ellos

El afeitado del bigote más icónico de los ochenta

despareció con su desaparición. La música de Freddie y sus cualidades humanas conmovieron los corazones de sus admiradores, por más que le criticaron constantemente y transformaron

"Un día, iba a beber de su vaso y me dijo: "No lo hagas, Montsy, tengo el SIDA". No olvidaré jamás su mirada"

MONTSERRAT CABALLÉ

su vida en una epopeya moral. Nadie tiene derecho a juzgar a los demás. Freddie vivió su vida sin engaños, exactamente como creía tener derecho a vivirla, y debería respetársele por eso. Hasta los ejemplos más bellos de la humanidad –Gandhi, la Madre Teresa de Calcuta– admitieron tener sus fallos: ¿Quiénes somos nosotros para juzgar a un hombre que trajo tanta alegría y tanta bondad al mundo? Es muy emocionante ser testigo de una devoción tan grande, y no me sorprende porque Freddie era un hombre bueno, no violento y pacífico, que fue generoso no solo con sus amigos y sus seres queridos sino con los que sufrían como él. Recordaré siempre a Freddie como a un buen amigo, un hombre honesto y valiente –especialmente hacia el final de su vida–, un hombre que fue muy, muy especial para miles de personas. Y lo sabía, miles de personas no pueden equivocarse".

LESA MAJESTAD

Los últimos álbumes, la lucha con la enfermedad, la muerte. La parte final de la vida de Freddie estuvo caracterizada por un enorme coraje y un deseo conmovedor de dejarle cuanta más música mejor al mundo. Todo con la reserva y la humildad con que siempre había intentado proteger su vida privada.

El grupo que entró en un estudio a grabar *The Miracle* no se parecía al que, solo tres años antes, estaba lanzando *One Vision*, al día siguiente de la adrenalínica actuación del Live Aid de Bob Geldof. Por un lado, el periodo de inactividad había permitido a los cuatro músicos moverse en otros territorios, un poco como ocurrió tras *Hot Space;* por el otro, había traído consigo el terrible diagnóstico de Freddie. En definitiva, si bien deseoso de componer música nueva y de demostrarle al mundo que aún tenían mucho que decir, el grupo no estaba en su mejor momento, ni física ni mentalmente. Además, hacía tiempo que Freddie sabía que sus condiciones de salud no le permitirían vivir mucho tiempo, y el resto de la banda había decidido crear un muro en torno al amigo para protegerle de cualquier ataque mediático.

Con Annie Lennox, su rendida fan

Esa unanimidad se vio también en la decisión de dividir equitativamente los créditos de las canciones. Solo lo habían hecho con *One Vision*: los temas estaban firmados por el grupo entero, no por músicos concretos. A decir verdad, pese a que los temas nacieron, como siempre, de uno de los componentes que luego los sometió a la valoración de sus compañeros, en esta ocasión el trabajo lo realizaron realmente todos los músicos, que recuperaron una sintonía parecida a la de primeros de los setenta.

Peter Freestone, amigo, colaborador, cocinero y chico para todo de Freddie durante los últimos doce años de su vida, recuerda perfectamente el momento en que el artista les confesó a sus compañeros que era un enfermo terminal. "Los otros tres no sabían que Freddie tenía SIDA. Lo supieron un año y medio antes del final. Los convocó en su casa, se encerraron durante una hora en una habitación y se lo contó todo. En un momento dado, entré a llevarles un té. Nadie decía nada. Roger, Brian y John estaban pálidos, con los ojos brillantes, la mirada baja y los hombros hundidos. Hacía tiempo que notaban que algo iba mal, pero cuando Freddie les contó su verdadero estado se derrumbaron. Más de una vez ha dicho Brian que, tras las palabras de Freddie, notó un frío en los huesos que no ha vuelto a sentir jamás. Se marcharon de casa de Mercury en silencio, en fila india, mirando al suelo para no cruzarse con su mirada, ni con la mía. Yo hacía años que lo sabía todo, pero le había prometido silencio".

Inevitablemente, la vida social de Freddie cambió de manera drástica: pese a que siempre le había gustado cantar en vivo y obtener esa energía vital del contacto con el público, la enfermedad no le permitía expresarse como hubiera querido. No podían realizar largas giras como las que habían alimentado al mito, pero es posible que, en la época, su estado le hubiera permitido aparecer en algunas ocasiones, quizás menos multitudinarias. No obstante, la idea de que le vieran con un aspecto tan distinto de los fastos del pasado le debía resultar insoportable. Por todo ello, además de por un físico que ya no podía ocultar a los curiosos,

"Freddie es el símbolo de una época en que la gente no tenía miedo de vivir la vida plenamente"

ANNIE LENNOX

las declaraciones en las que anunció una pausa del binomio disco/gira, suscitaron el temor de los fans y azuzaron a la prensa sensacionalista de siempre.

Al contrario que su cuerpo, que cada día mostraba más los estragos de la enfermedad, la voz y la música de Freddie seguían dando prueba de una energía conmovedora. Aparte de una producción quizás inadecuada y algunos rellenos de más, los temas de *The Miracle* estaban impregnados de una vitalidad y una fuerza que parecía una clara

Las sesiones de *The Miracle*

22 MAYO 1989
Aparece *The Miracle*, decimotercer álbum de estudio de Queen. Alcanza la primera posición en Inglaterra, Austria, Alemania, Holanda y Suiza y la vigesimosegunda en EE. UU. Extraerán cinco sencillos del disco.

21 AGOSTO 1989
Con la publicación de *Rare Live*, un cofre con tres VHS, se hacen públicas las imágenes inéditas del archivo de Queen, que cubren el periodo que va de las primeras pruebas a *Magic Tour*.

27 NOVIEMBRE 1989
Aparece *The Miracle*, quinto y último sencillo promocional del disco homónimo.

DICIEMBRE 1989
El grupo empieza a trabajar en *Inuendo*, en los Mountain Studios de Montreux.

16 DICIEMBRE 1989
Con la publicación de *Queen At The Beeb*, tras años de espera ven la luz finalmente algunas de las grabaciones oficiales de Queen para la BBC de principios de los años setenta.

18 FEBRERO 1990
Queen recibe un premio por su contribución a la música británica y a la nación. Se trata de la última aparición pública de Freddie Mercury, que solo logra articular las siguientes palabras: "Muchas gracias, buenas noches".

13 NOVIEMBRE 1990
En la portada de *Sun* aparece un título sensacionalista: "¡Es oficial! ¡Freddie está gravemente enfermo!".

respuesta a todo lo que al grupo y a su líder les había tocado vivir; de la sala de grabación a la vida de cada día. Por eso no es de extrañar que muchas de las canciones que integraban el disco mostraran un retorno a sonoridades que parecían procedentes de la década anterior, en la que la banda se había adentrado en territorios cercanos al hard rock. Hay un tema en concreto que parece encerrar toda la aventura del grupo, tanto desde el punto de vista musical como de las letras, de las más personales y autobiográficas que compusieran jamás: *Was It Worth It*. Injustamente olvidado en la selección que se hizo para los sencillos, el tema final del álbum les pareció, a los fans de primera hora, un mensaje preciso con el que el grupo daba punto final a una aventura increíble, que ciertamente valió la pena vivir. Un último mensaje que, leí-

La tensión emocional del grupo durante los últimos meses de su existencia

Visión aérea de Garden Lodge

do años después, insinúa que quizás Freddie temía no disponer de tiempo para darle un sucesor a *The Miracle*.

Pese a que habían transcurrido pocos años desde el periodo de Mónaco –cuando los abusos de toda índole y las decenas de amantes aumentaron desmesuradamente sus delirios de grandeza y su convicción de ser casi inmortal–, los tiempos de las grandes fiestas y de las grandes exageraciones parecían formar parte de otra época. Su deseo innato de entrar en contacto con la gente lo saciaba con innumerables cenas en Garden Lodge, la residencia londinense donde Freddie vivía rodeado de una serie de amigos y colaboradores fieles como Freestone, que estuvo a su servicio hasta su muerte, o Jim Hutton, el hombre en quien finalmente halló Freddie ese amor tan anhelado. Aunque tuvo historias sin fin con personas de ambos sexos, Freddie siempre buscó algo que colmara el vacío que sentía desde siempre, y que el estatus de estrella del rock planetaria no había hecho más que agrandar.

Movido por el deseo de crear toda la música que sentía que aún llevaba dentro, convenció a sus compañeros para meterse en un estudio y componer los temas de lo que sería *Innuendo*. El dramatismo de la situación se reflejó inevitablemente en las nuevas canciones, algunas de las cuales, como por ejemplo *I'M Going Slightly Mad*, pese a su clásica ironía y a una dignidad extraordinaria, eran confesiones patentes. En ese álbum, el cantante homenajeó hasta a sus gatos, una de las compañías más queridas en el curso de su vida. *Delilah*, aunque musicalmente menor, nos enternece aún hoy por la sincera dedicatoria que llevaba ese nombre, al igual que *Bijou*, para la que May consagró el escaso

3 DICIEMBRE 1990

Se publica el histórico vídeo *Queen at Wembley*, que contiene una de las últimas actuaciones del grupo.

26 ENERO 1990

Innuendo/Bijou entra en la clasificación británica de sencillos por el primer puesto. El tema representa un regreso a lo grande a la época de los temas de los años setenta.

4 FEBRERO 1990

Sale *Innuendo*, último álbum de estudio con Freddie Mercury aún vivo. Será uno de los grandes éxitos de la carrera del grupo.

FEBRERO 1990

Los Queen regresan a los Montreux Studios para grabar más material. Freddie se ha trasladado a la ciudad suiza donde se refugia de la prensa sensacionalista inglesa.

PRIMAVERA 1991

Freddie entra por última vez en un estudio de grabación. *Mother Love*, que dejó inconclusa y fue publicada a título póstumo en 1995, es el último tema en el que trabajó.

23 NOVIEMBRE 1991

Freddie declara al mundo entero, a través de un comunicado de prensa, que tiene SIDA.

24 NOVIEMBRE 1991

A las 18.48 horas, Freddie muere en Garden Lodge de una bronquitis agravada por la enfermedad que lo consumía.

texto con uno de sus fragmentos para guitarra más intensos. La canción que da nombre al álbum era quizás la más épica que habían escrito los cuatro desde los sesenta y *Show Must Go On*, compuesta por Brian pensando en la triste situación de su amigo, la cantó Freddie con una fuerza que, aún hoy, nos pone la piel de gallina. En su opinión, sin embargo, el tema por el que le recordarían era *These Are The Days Of Our Life*, escrito por Roger Taylor como homenaje a su amigo y publicado cuando el cantante ya había desaparecido. El vídeo causó verdadera conmoción: reducido a la piel y los huesos, Freddie saludaba a sus fans, consciente de que esa sería el último fotograma público de su vida. Las dos apariciones precedentes, en la fiesta por la celebración de los veinte años de Queen y cuando aceptó el Brit Award por su inmensa contribución a la música inglesa, no habían hecho sino confirmar lo que todos se temían desde hacía meses.

Por aquel entonces Freddie pasaba largas estancias en Montreux, sede de los Montreux Studios propiedad de Queen (ahí grabaron buena parte de su discografía). El clima de la ciudad suiza, frente al lago de Ginebra, le servía para aislarse en un mundo ideal en el que olvidarse, mal fuera por un instante, de todo lo que estaba pasando. Parecía absurdo que, alguien como él, acostumbrado a la vida nocturna y a los clubs

Al borde de la locura durante el rodaje de *I'm Going Slighty Mad*

La canción

I'M GOING SLIGHTY MAD

El segundo sencillo de *Innuendo* es una de esas muestras clamorosas de la ironía de Freddie que, durante los últimos meses de su vida, le ayudó a no hundirse ni en los momentos más dramáticos. Como había ocurrido en el pasado, el doble sentido de las canciones era perfecto para captar un poco el ánimo revuelto de Mercury. Efectivamente, por un lado, *I'm Going Slightly Mad* parecía una divertida serie de acciones que, a menudo, nos hacían sonreír. Pero, por otra parte, emergía todo el dramatismo de su estado de salud. La locura a la que se refiere en el texto era una clara alusión a todos los problemas derivados del SIDA que, al cabo de pocos meses, le habría matado. Los episodios de demencia y las súbitas pérdidas de memoria eran algunos de los síntomas de una enfermedad que se estaba apoderando de todo su cuerpo, a excepción de su espléndida voz. Como admitió el mismo Brian May, aunque tomaron la decisión de publicar todos los temas a nombre de Queen, eran cosecha de Freddie, igual que el vídeo y las letras, y despertaron sentimientos contradictorios entre el público. El ambiente jocoso del vídeo contrastaba poderosamente con el aspecto de Freddie, que tenía dificultades para moverse, tan delgado que parecía transparente, pese a lo cual se esforzó en aparecer sonriente y despreocupado. "Quería que fuera un vídeo realmente memorable", dijo Freddie al final del rodaje. "Siempre quise recitar en un vídeo, con un gorila y un grupo de pingüinos como compañeros. Un poco de locura estilo Queen". Lo cierto es que tanto el vídeo como la sonoridad poseían elementos de Queen que parecían desaparecidos para siempre. Además del recurso de la ironía, que brilla por su ausencia durante los años ochenta del grupo, el nivel musical de los Queen había recuperado aquellos toques de vodevil un tanto hortera que salpicaban los primeros álbumes de Queen. No obstante, el final es muy dramático, casi una respuesta a quienes, durante años, habían criticado sus opciones de vida, afirmando que sus malos hábitos los conducirían a un triste epílogo. La repetición continua y obsesiva de la estrofa *it finally happened* (*al fin sucedió*) era una referencia clara a la situación y el *and there you have it* (*ahí lo tenéis*) que cerraba el tema remitía a la prensa sensacionalista que, durante tanto tiempo, violó su intimidad, esperando la ocasión para robarle una foto comprometedora que demostrara que estaba enfermo.

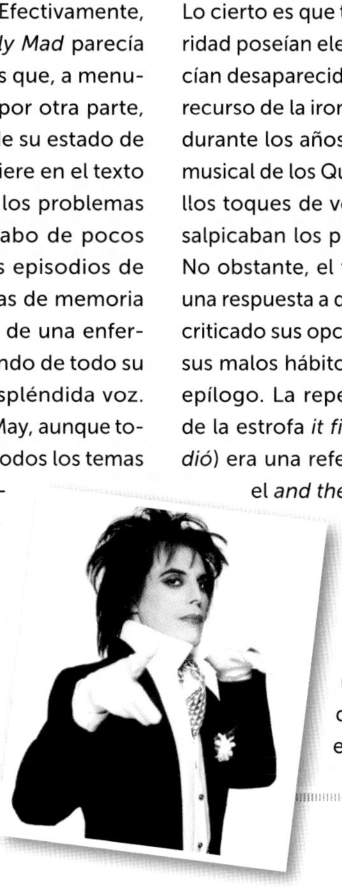

La Duck House, la casa junto al lago de Ginebra donde Freddie pasó muchos de los últimos meses de su vida

más enloquecidos del continente, acabara su vida en una cabaña del lago rebautizada Duck House porque ahí le hacían compañía las aves que poblaban la zona. Aquel lugar poseía realmente algo mágico para Freddie y, además, le permitía estar lejos de la atención mediática que le agobiaba en Inglaterra. Fue ahí donde, mientras le asistieron las fuerzas para ello, compuso junto a sus compañeros con el deseo de que esa música fuera publicada a su muerte. *A Winter's Tale* y *Mother Love*, dos canciones incluidas en el póstumo *Made In Heaven*, son las últimas correspondientes a sus días en Suiza.

Cuando ya no pudo ni salir, Freddie comprendió que había llegado el momento de volver a Garden Lodge, el lugar donde quería morir. Entonces fue cuando empezó a explicarles a los más cercanos aquello que deseaba que pasara tras su muerte. A Jim Beach, amigo incluso en mayor medida que productor del grupo, le dijo que podía hacer cuanto quisiera con su música, utilizarla como y cuando quisiera, con una sola cláusula: no hacerle jamás aburrido ante su público. En definitiva, no quería que nadie pudiera decir que se había estancado en su arte. Por su parte, a Mary Austin le tocó uno de los encargos más arduos: ocuparse de sus cenizas, porque había decidido que le incineraran. Tras 25 años de su muerte, nadie sabe aún qué destino corrieron los restos de Freddie, señal que Mary Austin ha seguido al pie de la letra su petición de mantenerlo en absoluto secreto.

Las últimas semanas de su vida fueron algo que no cubre la palabra dramático, tales fueron los sufrimientos de un hombre que, día tras día, notaba que iba desapareciendo. En aquellos momentos, la letra de *Somebody To Love (Each morning I get up I die a little/ Can barely stand on my feet/Take a look in the mirror and cry/ Lord what are you doing to me/* "Al levantarme por las mañanas, muero un poco/Apenas me tengo en pie/Miro al espejo y lloro/ Señor, ¿qué estás haciendo?), empezó a sonar como una triste profecía para los que le rodeaban.

"Un día, estando en la mesa, me soltó: "Deja de cocinar picante porque tengo las papilas gustativas dañadas, ya no noto los sabores, todo sabe igual. Cuando como mi guiso favorito, el indio que tú me preparas tan bien, no siento nada. Pero, ¿qué enfermedad es esta? ¿Por qué te quita cada día algo?", recuerda conmovido Freestone. Y añade: "Tres semanas antes del final, Freddie me confió un sobre lleno de dinero para comprar un cuadro en Christie's: 30.000 libras esterlinas. Cuando regresé con el cuadro, lo colgué en la sala de estar y llamé a Freddie. Él estaba en su habitación, en el primer piso de la casa de Londres. En cuanto apareció por las escaleras notó que las piernas ya no lo sostenían. Estaban tiesas, no se doblaban. Corrí hacia él, lo tomé en brazos y lo subí, para que pudiera admirar el cuadro que tanto deseaba. Se agarró a mi cuello como un niño y dijo: "Suerte que los ojos todavía funcionan".

Sus últimas e impactantes apariciones públicas confirmaron los temores de los fans

La escalada de aquella situación hizo que Freddie pensara que, quizás, anunciar al mundo entero que tenía SIDA podría ayudar a quienes, como él, estaban luchando contra aquella patología tan terrible. Sabía que sus declaraciones tendrían otro impacto mediático que

"Se dio cuenta de que la muerte estaba próxima y lo vivió con una valentía increíble"
MARY AUSTIN

las de millares de desconocidos que llevaban años sepultados en la vergüenza, casi como si la enfermedad fuera de verdad un castigo divino por ser gay y afroamericano, como muchos afirmaban en la época. Como si presintiera que le quedaban pocas horas, el 23 de noviembre de 1991 Freddie llamó a Jim Beach y le dijo que quería que el mundo lo supiera. "Deseo confirmar que di positivo en las pruebas del virus del VIH y he contraído el SIDA. He considerado oportuno que esta fuera una información reservada hasta ahora, con el fin de proteger la intimidad de los que me rodean. Sin embargo, ha llegado el momento de que mis amigos y mis fans de todo el mundo sepan la verdad, y espero que se unan a mí, a los doctores que me tratan y a los de todo el mundo, en la lucha contra esta terrible enfermedad."

Bob Geldof y George Michael, sus amigos y admiradores de siempre

FINALES INÉDITOS

Existen artistas tan prolíficos que graban decenas y decenas de temas, antes de decidir cuáles van a utilizar en un álbum. Entre los más célebres seguramente están Prince o Bruce Springsteen, en cuyos archivos están los más deseados por las discográficas del mundo entero. Pese a que no en la misma medida, los Queen también sembraron su largo camino de diversas demos, fragmentos en los que quizás querían trabajar en el futuro o que, simplemente, no habían complacido a todos los miembros del grupo en el estudio de grabación. Algunos habrán hallado su espacio en las caras B, pero la mayoría sigue sepultada en archivos. Principalmente a partir del segundo álbum, la banda había realizado siempre una selección muy cuidadosa de los temas, y los trabajaba después exhaustivamente durante la grabación y la postproducción. Si dejamos a un lado los comienzos, cuando efectivamente excluyeron algunos temas porque los consideraban adecuados al ambiente de los primeros álbumes, cada vez se quedaban con menos canciones en el cajón durante la fase de composición. Sin embargo, algunas de ellas tenían todos los números para convertirse, si no en clásicas, al menos en canciones memorables. Quizás azuzado por la conciencia de que no le quedaban muchos meses, o tal vez sencillamente porque tres años de actividad tras *A Kind Of Magic* habían dado los frutos esperados, es un hecho que las últimas sesiones de grabación de los Queen fueron de las más prolíficas de su historia. ¿Es de verdad imposible recuperar aquellas cintas preciosas? Por supuesto que no, dado que el mercado del *bootleg* y de los "profanadores" de archivos sigue tan dinámico como siempre. Sin embargo, con el tiempo y la revolución de Internet, casi todas las joyas nacidas durante las sesiones de *The Miracle* e *Innuendo* han llegado a oídos de millones de coleccionistas del grupo, a menudo contribuyendo a la añoranza. Entre los temas que habrían merecido un final mejor, y que los fans desearían hallar en un eventual cofre futuro, destacan sin duda *I Guess We Are Falling Out*, que no habría tenido problemas para convertirse en un hit, la espléndida *Face It Alone* o la instrumental *Grand Dame*, que sugería una evolución realmente interesante y distinta del estándar de los Queen. Además, a menudo se han utilizado fragmentos de estos temas para la creación de canciones de los álbumes oficiales, por lo que aún se ha desvirtuado más el trabajo en estudio del grupo.

Una de las últimas fotos, tomada por su compañero Jim Hutton en el jardín de Garden Lodge pocas semanas antes de su muerte

Mercury, el hombre, que había logrado mantener tenazmente la privacidad de parte de su existencia, que jamás había hecho declaraciones sobre su orientación sexual y sus misteriosos orígenes, realizó el día antes de su muerte el gesto más altruista de su vida, y con ello cambió radicalmente la historia de la lucha contra el SIDA. El día siguiente, a las 18.48 horas, Freddie Mercury fallecía a la edad de 45 años debido a una afección broncopulmonar agravada por las complicaciones de su enfermedad.

En el testamento, el cantante de Queen legó la mitad exacta de su patrimonio a Mary Austin (en quien recayó también la mansión Garden Lodge en Kensington), mientras que el resto se dividió entre sus padres y su hermana, Kashmira Bulsara-Cook. A Terry Giddings, su chófer, le dejó 100.000 libras esterlinas; a su cocinero Joe Farinelli, a Peter Freestone y a su compañero Jim Hutton les dejó 50.000 libras. A este último le compró también un terreno en Carlow, Irlanda. La ceremonia fúnebre tuvo lugar en el cementerio de Kensal Green y la ofició un sacerdote zoroástrico. De acuerdo con sus últimas voluntades, el cuerpo de Freddie fue incinerado en presencia de sus familiares y sus seres queridos. También estuvieron presentes en el funeral algunas de los personajes más influyentes de la historia del rock, a quienes se unió el abrazo virtual de todos los que no pudieron participar, especialmente el de sus fans de todos los rincones del globo.

El amigo Freestone cuenta una de las últimas confesiones que le hizo Freddie: "Una noche, con los ojos cerrados y la voz rota, me confesó: "Me gustaría saber cuándo mantuve la relación que me está costando la vida, aunque intento entretenerme y no quiero malograr lo que me queda haciendo indagaciones. Lo que me hace sufrir terriblemente es que el SIDA me impedirá sacar toda la música que llevo dentro. Había tantas cosas que quería que escucharan, tantas notas que hubieran emocionado a mi público. Es injusto que un artista muera sin haber podido expresar todo su arte. Me llevaré muchas canciones y el rostro de tantos amigos. Peter, has estado junto a mí durante doce años, has visto cuanto se puede ver de mí. Y quiero pensar que has comprendido realmente quien es el hombre a quien has prestado tanta atención y ofrecido tanta lealtad. Al menos una vez al día, piensa en mí. Y cuida de mis gatos".

Modugno ritorna a casa

Baudo, un nuovo attentato?

LA STAMPA

SPETTACOLI

Malattia confermata quando già cominciava l'agonia del cantante

L'Aids più forte di Freddie

PHIL COLLINS

«Una vita promiscua»

A Bologna

La classe del giovane Werther

In Brasile

Telenovelas per prevenire

Nuti crocifisso... dallo scandalo

Queen vocalist Freddie Mercury dies of Aids

LONDON — Freddie Mercury, whose dramatic vocals helped make Queen one of the top pop groups, died last night of pneumonia brought on by Aids, his publicist said.

A day earlier, the 45-year-old Mercury had ended intense media speculation about his health by issuing a

DAILY STAR

FREDDIE MERCURY: LAST TRAGIC HOURS

AIDS KILLS THE KING OF ROCK

THE Sun

FREDDIE IS DEAD

Monday, November 25, 1991 25p

Today's TV: Pages 16 and 17

1946

1991

OF A SHOWMAN

SUFFERING, HE'S AT PEACE NOW

TRASMISSIONI

Martedì 26 novembre 1991

Donatella, una paladina

Mercury ucciso dall'Aids

Addio F... divo dei ...

Sulla strada dei clandestini

Metropoli infernale

DAILY Mirror

WE'RE WORTH OVER £400

MONEY OFF AT Currys HALFORDS

DEADLY SINS OF

ROCK STAR FREDDIE IS DEAD

Parents too late to see AIDS son

scomparso domenica a Londra. Aveva 45 anni

E' morto Mercury mitica voce dei Queen

Il rock in lutto per la morte di Freddie Mercury: aveva 45 anni

La voce dei Queen stroncata dall'Aids

mercato alle stelle già previsto tutto

THE SHOW MUST GO ON

El Freddie Mercury Tribute Concert, el legado artístico, las publicaciones póstumas. El eco generado por la desaparición del líder de Queen conmovió a buena parte del mundo y contribuyó de manera decisiva a la lucha contra una enfermedad que, hasta ese momento, se trataba con desprecio. El concierto de homenaje en el estadio de Wembley demostró la gran influencia que tuvo su obra.

La desaparición de Freddie Mercury, apenas 24 horas después de haberle anunciado al mundo que estaba enfermo terminal de SIDA, dejó un vacío irremplazable en los fans y en quienes habían compartido emociones y aventuras vitales con él. El único e ínfimo consuelo, para los que se quedaban, era que su valiente anuncio había abierto los ojos del mundo entero ante un problema que, hasta entonces, se trataba como un tabú en el que era preferible no pensar.

De hecho, la muerte por SIDA de un personaje universalmente conocido y amado como Freddie Mercury tuvo un efecto muy superior al de años de campañas de prevención de ese virus letal. Mercury, pese a que no fue la primera celebridad que sucumbió al mal del siglo, era ciertamente el más expuesto a los medios. Y aquel trágico evento hizo nacer iniciativas globales que cambiaron completamente la percepción de la enfermedad y, por lo tanto, crearon las condiciones para que se dieran pasos imposibles diez años antes. Poco tiempo después de la muerte del cantante de Queen, un enfermo diagnosticado de SIDA podía llevar una vida prácticamente normal durante otros 10 o 15 años gracias a un cóctel casi milagroso de fármacos. La familia de Mercury y todos los que le trataron durante los últimos veinte años hallaron consuelo en el hecho de que, aunque pareciera un sarcasmo, poco después de su desaparición la ciencia hizo aquel descubrimiento, así que su muerte, de algún modo, contribuyó a salvar vidas.

Entre los más afectados, naturalmente, estaban sus compañeros de grupo. A pesar de que hacía

años que sabían de sus problemas de salud, la muerte de Mercury les obligó a superar la desaparición de uno de sus mejores amigos, así como el final de una aventura que duró dos décadas. Paradójicamente, los dos últimos años habían sido los más serenos de los Queen, que lograron limar las asperezas que aparecían en el estudio de grabación hasta mediados de los ochenta, y crearon algunos de los mejores álbumes de su carrera.

Los tres músicos, superada la fase inicial de duelo, pensaron cuál podía ser la mejor manera de homenajear a su compañero. Antes que nada, a las pocas semanas de la muerte del artista,

"Le echaré de menos, todos lo echaremos de menos, por su música, por su humanidad"

ELTON JOHN

y siguiendo sus deseos, la banda decidió publicar un sencillo para recoger fondos en beneficio de la investigación contra la enfermedad que se había llevado a Freddie. La selección, como ya había ocurrido en el pasado, fue la de una cara A con su tema icónico *Bohemian Rhapsody*, junto a *These Are The Days Of Our Lifes*, extraído del reciente *Innuendo*. También según su voluntad, el vídeo correspondiente a la canción fue el último que contenía imágenes de Freddie, ya completamente devastado por el SIDA.

El sencillo estuvo cinco semanas en lo alto de las listas ingleses, y recaudó fondos por una cifra equivalente al millón de libras esterlinas. En diciembre de 1991, los Queen tenían 10 álbumes en el top inglés. Durante la ceremonia anual de los Brit Awards de febrero de 1991, Brian May y Roger Taylor declararon su intención de organizar un gran acontecimiento de homenaje a la vida y la carrera de Freddie Mercury. El espectáculo tendría lugar en la primavera de ese mismo año y el escenario no podía ser otro que el de Wembley, ya para todos conocido como el

9 DICIEMBRE 1991

Sale el sencillo de doble cara A *Bohemian Rhapsody/There Are The Days*. El vídeo será el último de la carrera de los Queen con su formación original, y el testamento espiritual de Freddie.

12 FEBRERO 1992

Durante la ceremonia de los Brit Awards, Brian May y Roger Taylor anuncian oficialmente que la primavera siguiente se celebrará un gran homenaje a Freddie en el estadio de Wembley, con el objetivo de recoger fondos para la lucha contra el SIDA.

ABRIL 1992

Nace el Freddie Mercury Phoenix Trust, entidad benéfica que pretende recaudar fondos contra la SIDA. En sus primeros 15 años ha acumulado casi 20 millones de dólares para unas 300 asociaciones.

20 ABRIL 1992

Frente a un estadio de Wembley lleno hasta la bandera, se celebra el Freddie Mercury Tribute Concert For AIDS Awareness.

2 JUNIO 1992

Aparece el doble CD y LP *Queen Live At Wembley'86*, testimonio sonoro de una de las veladas históricas de las instalaciones inglesas, que quedaron para siempre como el estadio de los Queen.

19 ABRIL 1993

Sale *Five Live*, EP firmado por Georges Michael, Queen y Lisa Stansfield.

La locura desatada en Wembley para asistir al Freddie Mercury Tribute Concert

estadio de los Queen. Al día siguiente, pese a que no se había comunicado aún quiénes serían los artistas invitados al *Freddie Mercury Tribute Concert*, se agotaron todas las entradas en tres horas.

En realidad, en el momento del anuncio ya casi estaba todo organizado, pero los músicos prefirieron no descubrir todas sus cartas, dado que algunos artistas aún no habían confirmado su presencia.

El 20 de abril siguiente, la ovación que recibió la entrada de los tres Queen supervivientes en el escenario levantó a los miles de personas reunidas ahí procedentes de todo el mundo. "Hola, gente. Buenas noches a Wembley y al mundo", empezó con la voz truncada Brian May. "Estamos aquí esta noche para celebrar la vida, el trabajo y el sueño del único e incomparable Freddie Mercury. ¡Vamos a darle la despedida más grande de la historia!" Roger Taylor se sumó a sus palabras: "Hoy va por Freddie, y por todos vosotros, para decirle al mundo que el SIDA nos interesa a todos. Eso es lo que significan los lazos rojos.

¡Vamos a darle la mayor despedida de la historia a Freddie!

Podéis llorar cuanto os apetezca. Y John quiere deciros algo". Deacon agradeció su presencia al público y dio paso al que sería recordado como su último concierto junto a sus dos compañeros. "Hola. Antes que nada, en nombre de Brian, Roger, y del mío, quiero dar las gracias a todos los artistas que actuarán hoy aquí, en Londres, ofreciendo su tiempo y su energía para hacer realidad este homenaje y conseguir que esto ocurra. Para empezar, *the show must go on* y comenzaremos con un grupo americano, tres veces vencedor en los Grammy. ¡Demos la bienvenida a Metallica!".

Que una banda como la de James Hetfield diera comienzo a un homenaje a la música de los Queen extrañó solo a los despistados. El grupo trash metal había citado siempre a los Queen como una de sus mayores influencias, y además

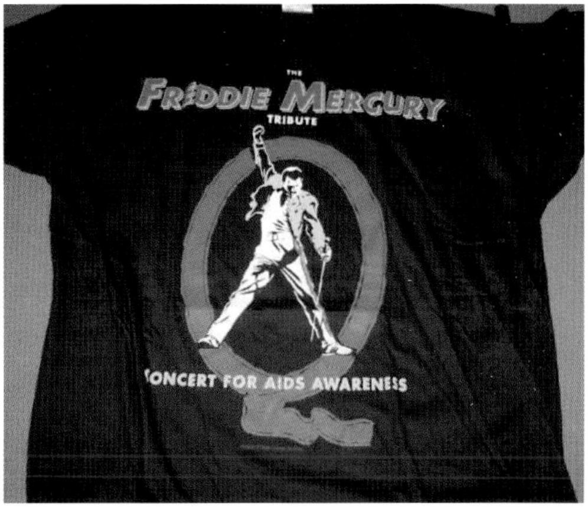

El saludo final sobre las notas de "We Are The Champions"

les había rendido tributo con una versión explosiva de *Stone Cold Crazy* algunos años antes. Los Metallica abrieron la primera parte del homenaje, en la que algunos de los grupos más famosos del momento interpretaron temas propios. La actuación más sensacional fue sin duda la de Guns N'Roses. Su líder, Axl Rose había declarado siempre que, sin la música de Queen, habría acabado mal en su atribulada adolescencia. Su versión del *Knocking On Heaven's Door* fue tan espléndida que el grupo decidió utilizarla en un sencillo en beneficio del Freddie Mercury Phoenix Trust, la entidad benéfica que nació con los ingresos del concierto y que, muchos años después, incluyeron en el recopilatorio del directo en *Live Era 87-92*. Los únicos que interpretaron temas de Queen en la fase inicial del evento fueron los Extreme y los Def Leppard, amigos íntimos y admiradores del grupo.

Cuando Gary Cherone y Joe Elliot, los líderes de ambos grupos, tocaron las primeras notas de las canciones de Queen, el mundo comprendió cuán difícil era cantar esos temas incluso para artistas célebres en cualquier parte del planeta por su talento y por su extensión vocal. Esa fue una de las

Axl Rose, Elton John y Georges Michael: todos a los pies de Freddie

constantes de un concierto que vio desfilar a los más grandes intérpretes de la historia del rock.

La constelación de aquella noche fue impresionante: desde amigos como Ian Hunter, David Bowie, Elton John, Bob Geldof, a admiradores del grupo como Annie Lennox o Seal, pasando por líderes de grupos legendarios como Roger Daltrey o Robert Plant. También actuaron los U2 desde Sacramento, vía satélite, y le dedicaron a Freddie *Until The End Of The World*. Sin embargo, el momento cumbre de la velada fue sin duda la interpretación de George Michael de *Somebody To Love*, la única que se aproximaba

El líder de los Led Zeppelin, Robert Plant, se une a los Queen para una magnífica versión de "Crazy Little Thing Called Love"

21 OCTUBRE 1993

El recopilatorio póstumo titulado *Remixes*, propulsado por el éxito planetario de *Living On My Own*, llega a número uno en Italia.

7 NOVIEMBRE 1995

Tras un mes de espera, los demás miembros de Queen publican *Made In Heaven*, el primer álbum que contiene temas inéditos cantados por Freddie Mercury.

3 NOVIEMBRE 1997

Con la publicación del tema *No One But You*, dedicado a Freddie y contenido en la recopilación *Queen Rocks*, se cierra para siempre la aventura en los estudios con John Deacon.

23 OCTUBRE 2000

Se publica la mastodóntica obra retrospectiva *The Freddie Mercury Solo Collection*, recopilación definitiva de sus vídeos y audios.

25 OCTUBRE 2005

En George, Sudáfrica, se inicia la gira *Magic Tour* de los Queen. Les acompaña el ex cantante de Free y Bad Company, Paul Rodgers.

29 ABRIL 2007

Sale *Queen Rock Montreal*, con el añadido del concierto entero del Live Aid de 1985.

EL HOMENAJE DEL DUQUE BLANCO A FREDDIE

Aparte de la impresionante versión de *Somebody To Love* de George Michael y el conmovedor dúo de Elton John y Axl Rose con *Bohemian Rhapsody*, los momentos cumbre del gran homenaje de Wembley al cantante de Queen fueron sin duda los de la actuación de David Bowie. Ataviado con un elegante y excéntrico traje verde agua, el histriónico artista se presentó de punta en blanco a homenajear al amigo desparecido e interpretó tres de los temas más icónicos de su inmenso patrimonio. Salió a escena antes de la incendiaria actuación de George Michael y disparó el cartucho más esperado, *Under Pressure*, en compañía de una espectacular Annie Lennox casi irreconocible debido al maquillaje y a un traje digno de las fiestas más salvajes de Freddie. Fue la primera actuación en vivo de los Queen en compañía del coautor de la canción, lo que no hizo sino dar alas al lamento por lo que podía haber sido una colaboración muy prolífica. Máxime cuando, en esos momentos, los egos de los implicados eran mucho menos acentuados que años atrás. A continuación, llegaron otros dos temas que emocionaron a todo el mundo, porque también significaban el reencuentro entre el Duque Blanco y Mick Ronson, el histórico guitarrista de los Spiders From Mars, que tanto había caracterizado el sonido de sus discos durante la primera mitad de los años setenta. Ian Hunter, otro socio de Ronson a quien Bowie le regaló el tema cuando era líder de los Mott The Hoople, se unió a ellos para la versión de *All The Young Dudes*. Ese fue, a decir todos, uno de los momentos más importantes de la historia del rock. Los Queen, que habían acompañado a los Mott en su primera gira mundial en 1974, tocaban uno de sus éxitos absolutos sin Freddie. Con ello, sin embargo, estaban siendo fieles a la promesa de dedicarle la mayor despedida de la historia. La recta final de aquella colaboración con David Bowie se encadenó enfáticamente con una versión potente y muy sentida de *Heroes*, también con Ronson a la guitarra, que acabó por sorpresa (y en el silencio irreal de Wembley) con una emocionante oración de rodillas, recitada por el mismo Bowie.

La carga emotiva del encuentro aumentó cuando, al cabo de unos meses, falleció también Ronson, por lo que el histórico concierto fue su última aparición en directo.

a la intensidad de la original. Italia, que se había asegurado los derechos gracias a Videomusic y StereoRai, estuvo representada por un aterroriza-

"Era un gran artista, un gran autor. Irónico, inteligente y genial"
DAVID BOWIE

do Zucchero Fornaciari, que interpretó *Le Paroli di Amore* y se convirtió en uno de los mejores amigos de Brian May. Dos meses después del concierto, los Queen decidieron publicar la primera grabación póstuma de su historia. El material elegido fue el concierto del 12 de julio de 1986 en el estadio de Wembley, tal vez la mejor imagen de la cima de la popularidad del grupo en su país.

Un año después de la muerte de Freddie llegó a las tiendas la primera recopilación de sus solos: *The Freddie Mercury Album.* La selección tenía el atractivo añadido de que reunía por primera vez los temas más notables de su repertorio sin los Queen (incluidos *The Great Pretender* y su lado B *Exercises In Free Love*), las canciones grabadas para el musical *Time* y para el filme *Metropolis.* Sin alterar en absoluto su estructura, su nueva función de mensajeras hizo justicia a unas canciones que, por separado, en su forma original, habían resultado poco convincentes.

Montreux, ciudad permeada por la figura de Mercury

La canción

MOTHER LOVE

Si, para el mundo, la historia de los Queen se inició con la potencia de *Keep Yourself Alive*, con la emotiva *Mother Love* (aparecida a título póstumo cuatro años después de la muerte de Freddie) halló su dignísimo final. Aunque habían aparecido algunos inéditos –y probablemente se comerciará en el futuro con versiones hoy desconocidas–, el cuarto tema de *Made In Heaven* fue el último que Freddie grabó en su vida. Y quedará como uno de los más intensos que compuso Queen en veinte años de carrera.

Freddie y Brian eran los autores más prominentes del grupo, pero las colaboraciones entre ellos dos fueron escasas. A cada ocasión, sin embargo, había surgido algo mágico y probablemente *Mother Love* sea la mejor pieza de los dos. Grabada entre el 13 y el 16 de mayo de 1991, justo después de las sesiones para *Innuendo*, la canción la fue escribiendo Brian en hojas que luego le pasaba a Freddie para que grabara las estrofas cuando sus condiciones se lo permitieran. Freddie también intervino en el texto, que se refería de modo bastante evidente a sus estado físico y psíquico a solo seis meses de la muerte. "Llegaba un punto en que Freddie decía: "¡No, no, así no vamos bien! Aquí debo subir más, aquí añadir algo, necesita más potencia", recuerda Brian. "Se tomaba un traguito de vodka, y seguía cantando. En la parte central llega a alturas increíbles para un hombre que sufría dolores insoportables y estaba tan débil". El texto a que May se refiere (*Out in the city/ In the cold world outside / I don't wanna pity / Just a safe place to hide / Mama please let me back inside*/En la ciudad/en el frío mundo exterior/No quiero compasión/Solo un lugar donde esconderme/Mamá, por favor, déjame entrar) no puede sino conmover por sus desgarradoras pala-

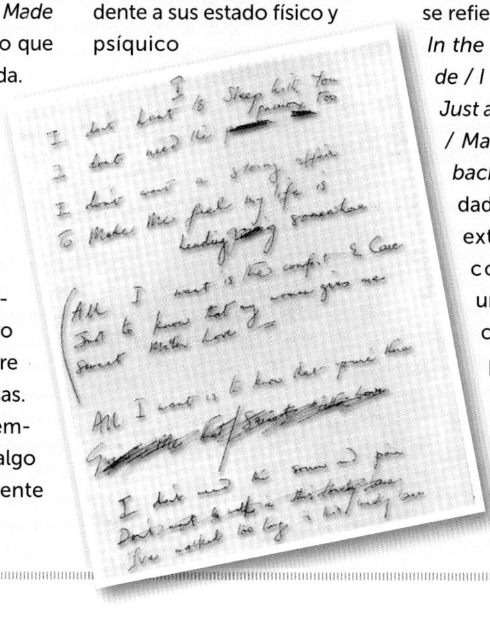

bras y por la fuerza con que se grabaron. "Notaba que la voz de Freddie era cada día más débil", dice Taylor en el documental *Days Of Our Lives*. "Pero no se le escapaba ni una nota. Aquella parte de la canción todavía me pone el vello de punta".

Sin embargo, Freddie no pudo acabar de grabar. "Cuando terminamos de grabar la segunda estrofa me dijo: "No me encuentro bien, me voy a casa y acabaremos mañana." Pero no volvió. Aquella fue la última vez que vi a Freddie en el estudio". Años después de su desaparición, para incluirla en el que iba a ser el homenaje definitivo a su compañero, May terminó y cantó la última estrofa de la canción, añadiéndole un emotivo solo. Luego, un poco por sorpresa, y para incidir en el ciclo natural de la vida y la muerte, la canción terminaba recorriendo idealmente toda la existencia de Freddie. Del célebre "deh-oh", con el que había tenido al estadio entero de Wembley en un puño durante el *Magic Tour*, a una sesión incomprensible y esquiva al oído humano que contenía un fragmento de cada tema compuesto por los Queen a lo largo de su carrera. Para terminar con *Goin' Back*, el tema firmado por Larry Lurex con el que en cierto modo empezó todo y, casi cerrando un círculo, el grito de una criatura acabada de nacer.

Pocas composiciones en común, pero todas de altísimo nivel

George Michael y Lisa Stansfield en el escenario de Wembley durante el homenaje a Freddie

Al cabo de unos meses se publicó el EP *Five Live* –firmado por George Michael, Queen y Lisa Stansfield–, que suscitó rumores acerca del regreso de Queen con Michael como cantante. En realidad, como confirmaron todas las partes, no se lo habían planteado ni por asomo. Lo que sí pretendían los tres Queen supervivientes era acabar los últimos temas grabados con Mercury, y determinar si daban para un último álbum de inéditos.

El grupo regresó al estudio, donde preparó las bases musicales para las últimas canciones grabadas con el cantante, así como para algunas partes vocales de los años anteriores, necesarias para recopilar todo un disco que iba a llamarse *Made In Heaven*. Quedaban apenas tres temas restantes de las sesiones para *Innuendo* de los Mountain Studios en Montreux (*You Don't Fool Me*, *A Winter's Tale* y *Mother Love*), pero la banda se enfrascó en una labor de recuperación de las ideas por completar o pertenecientes al repertorio solista de Freddie.

Era el caso de la canción que dio nombre el disco, así como el de *I Was Born To Love You*. Las interpretaron de nuevo transformándolas al estilo clásico de los Queen. *It's a Beautiful Day* era una demo de 1980 pensada para incluirla en el álbum *The Game*, mientras que *Let Me Live* surgía de un esbozo que Freddie había grabado con Rod Stewart en 1983 y que

Magnífica marquesina del Dominion Theatre de Londres durante las representaciones del musical *We Will Rock You*

15 SEPTIEMBRE 2008
Sale *The Cosmos Rocks*, de los Queen + Paul Rodgers.

12 SEPTIEMBRE 2008
En Kharkiv, Ucrania, empieza el *The Cosmos Rocks Tour*, el último que reunió a los Queen con Paul Rodgers.

8 NOVIEMBRE 2014
Finalmente ve la luz *Live At Rainbow'74* que debía ser el primer directo oficial de la banda.

10 NOVIEMBRE 2014
En la recopilación *Queen Forever* se incluyen tres inéditos con la voz de Freddie: *Let Me In Your Heart Again*, *Love Kills* en otra versión con el grupo, y el dúo con Michael Jackson *The Must Be More To Life Than This.*

13 ENERO 2015
Comienza la gira europea de los Queen + Adam Lambert, que llega a Italia el 10 de febrero del mismo año y el 25 de julio del siguiente.

debía haber aparecido en el álbum *The Works*. *My Life Has Been Saved* también era conocida, aunque con arreglos distintos, pues se incluyó en la cara B del sencillo *Scandal* (1989), mientras que la versión original de *Heaven For Everyone* era un tema que Freddie había decidido cantar en el álbum *Shove It* (1988) de los Cross, de Roger Taylor. Finalmente, *Too Much Love Will Kill You* era un inédito grabado durante las sesiones del álbum *The Miracle*, que en 1992 se había incluido en la obra solista de Brian May *Back to the Light* y que habían presentado al público de *Freddie Mercury Tribute Concert* tres años antes.

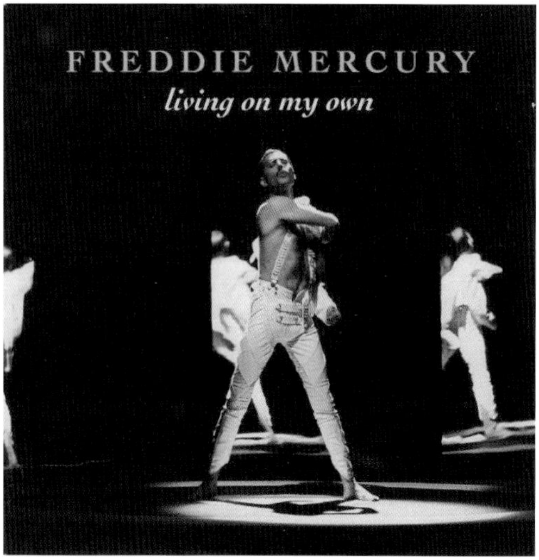

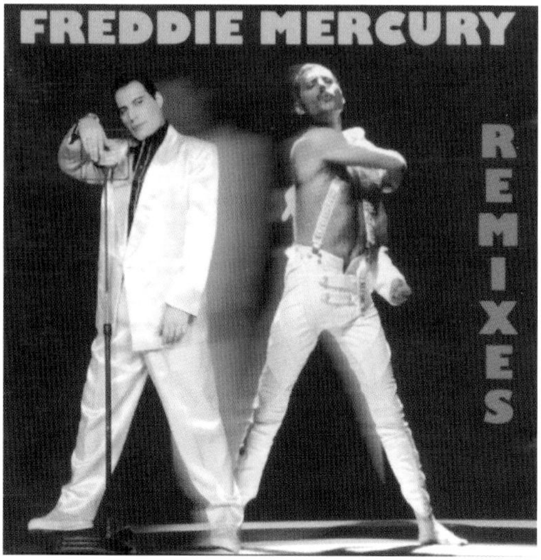

Gloria póstuma a los temas solistas de Freddie que conquistaron las pistas de baile de medio mundo

Publicado el 7 de noviembre de 1995, *Made In Heaven* debutó en el primer puesto de los álbumes en las listas inglesas y permaneció ahí durante 25 semanas, por lo que pasó a ser el álbum de inéditos de Queen más vendido del Reino Unido. Mientras trabajaban los tres en el disco póstumo, Freddie conquistaba una nueva victoria en el paraíso: a finales de 1993, una reedición de *Living On My Own* invadió las discotecas de media Europa, al año siguiente el sencillo que la incluía fue todo un éxito, y allanó el camino a la aparición de *Remixes*, un álbum que los fans y los entendidos consideraron la primera recopilación realizada en esos años a la memoria del artista.

Made In Heaven, uno de los álbumes póstumos más esperados de la historia de la música

El año 1997 fue significativo para Queen, que oficialmente no se habían separado desde la muerte de Freddie. Contenido en *Queen Rocks*,

salió *No-One But You*, enésimo homenaje de Mercury y primer inédito compuesto solo por May, Deacon y Taylor. No obstante, lo que podía parecer el inicio de una nueva era resultó ser flor de pocos días. Tras una actuación en compañía de Elton John, artista a menudo asociado al grupo como posible nuevo cantante, John Deacon decidió que, para él, la aventura se acababa allí. A partir de entonces, pese a que siguió teniendo la última palabra sobre todos los proyectos que firmaba Queen, Deacon se retiró de la vida pública y prácticamente hizo desaparecer su rastro. Al parecer, el motivo de su decisión fue una fuerte disputa sobre el futuro del grupo, ocurrida durante la grabación de *We Are The Champions* con Robin Williams que aparecía en el filme *Corazón de Caballero*. Sin embargo, ambas partes han mantenido una gran discreción al respecto, por lo que no conocemos la verdad. Aunque las recopilaciones se multiplicaban por todo el globo, habría que esperar hasta 2004 para que apareciera algo digno de consideración por parte de la banda. En este caso, recuperaron los archivos del grupo y compusieron el excelente *Queen On Fire – Live At The Bowl*, grabación de una de las actuaciones del controvertido *Hot Space Tour*. Con ello demostraron que, aunque el álbum creara polémica entre los fans, los cuatro juntos, en vivo, seguían siendo insuperables. La voz de Freddie, brillante y potentísima, confirmó que no se podía vivir solo de *Magic Tour*, y que las perlas escondidas en las cintas que aún no se habían comercializado habrían podido ser mucho mejores que las ediciones póstumas aparecidas hasta la fecha. También seguían moviéndose los asuntos relativos únicamente

Reconocimiento en el Paseo de la Fama de Hollywood del 18 de octubre del 2002

"Creo que fue mi mayor fuente de inspiración"

GEORGE MICHAEL

El inesperado regreso a los escenarios junto a la leyenda del rock Paul Rodgers, ex Free y Bad Company

a Freddie. Tras una larguísima labor de recuperación que duró varios años, en el 2000 termina la postproducción de *Freddie Mercury Solo Collection*, una especie de Santo Grial para los coleccionistas del mundo entero. Compuesta por diez CD y dos DVD, la monumental obra reagrupaba todo cuanto poseemos del líder de Queen, con inéditos, rarezas y versiones distintas que quitaban el aliento. Una vez más, se oyeron lamentos por su prematura desaparición. Años de especulaciones, rumores desmentidos regularmente y giras solitarias de dimensiones inevitablemente reducidas después, Brian May y Roger Taylor decidieron desempolvar su vieja máquina de hacer dinero, y salir de gira.

> "Si, siendo un adolescente, no hubiera tenido las canciones de Freddie Mercury a las que aferrarme, no sé dónde estaría hoy"
> **AXL ROSE**

Galvanizados por algunas actuaciones –entre otras la de la celebración del Jubileo de la Reina Isabel, los conciertos por Mandela y el baño de

La nueva vida de Queen en compañía de Adam Lambert, estrella del pop surgida de *American Idol*

multitudes del Pavarotti & Friends–, los dos quedaron convencidos de que la historia de los Queen no podía haberse terminado aquel maldito 24 de noviembre de 1991. Al cabo de meses de declaraciones y desmentidos, sumados a las interpretaciones de *We Will Rock You* y *We are The Champions* en el Music Hall Of Fame de Londres, los dos miembros restantes hicieron pública su decisión de partir de gira tras veinte años, junto a Paul Rodgers, ex Bad Company y Free.

La elección de un cantante que, bajo todos los puntos de vista, no tenía nada en común con Freddie Mercury se consideró, por una parte, como un gesto sabio y respetuoso para con el viejo amigo. Para otros se trataba, pura y llanamente, de lesa majestad. Por sorpresa, tras un tour triunfal en 2005 a nombre de Queen + Paul Rodgers, y antes de la segunda gira del año siguiente, la extraña combinación también produjo el primer álbum de inéditos sin la voz de Freddie Mercury, titulado *The Cosmos Rocks*. Más allá del valor intrínseco de los temas, el disco se vendió muy poco, provocando la ruptura con la histórica discográfica EMI, y, en cierto modo, de aquella socie-

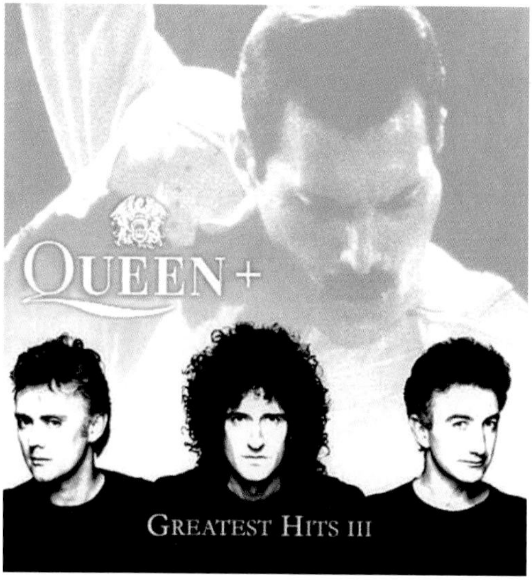

La melancólica cubierta del último *Greatest Hits* de Queen, el año 1999

dad. Independientemente de las opiniones, la aventura con Paul Rodgers tuvo sus aspectos positivos. De entrada, la decisión de operar como Queen + dejaba inmaculado el pasado con Freddie. Además, a Mercury le gustaba mucho Rodgers y se subrayaba que no se trataba de una sustitución sino de un nuevo grupo, lo que calmó un poco la polémica.

Polémica que se reanudó puntualmente los años siguientes, con el anuncio de que la máquina funcionaría con un nuevo cantante, Adam Lambert, participante de la octava edición de *American Idol*, con quien May y Taylor habían tocado en el famoso *talent show*.

En esta ocasión, el hilo de plata entre el nuevo cantante y Freddie Mercury parecía más evidente. Dotado de una potencia vocal impresionante, Lambert alcanzaba las notas de Freddie sin mayor problema y su homosexualidad acrecentó las críticas respecto de una operación que continúa hasta nuestros días. Lo cierto es que la opción de contratar a artistas distintos a Mercury, aunque discutible, ha permitido que las nuevas generaciones puedan disfrutar con temas escritos por Freddie que jamás se habrían vuelto a tocar en vivo. Así, han llenado un vacío que, por lo demás, es imposible colmar. Eso, unido finalmente a la recuperación y la difusión de conciertos históricos de los años setenta, han pretendido hacer menos dolorosa la idea de no poder asistir ya a la magia de los conciertos de la formación original.

El hecho de que, desde los años noventa, no haya surgido en el mercado un grupo con la potencia de los Queen, no solo ha dado beneficios a las discográficas de referencia, sino que ha empobrecido un panorama musical que, tras el vapuleo del grunge, se había replegado completamente sobre sí mismo. Fueron muchas las formaciones que intentaron sostener un discurso parecido, o al menos incorporar parte de lo que habían sido Queen y Freddie Mercury. Algunas incluso han tenido éxitos clamorosos: los Muse, cuyo cantante Matt Bellamy lleva años declarando que se ha criado con pan y Mercury, y cuyo sonido se ha inspirado, a menudo exageradamente, en el de los Queen. Por no hablar de Darkness, que tienen ni más ni menos que al hijo de Roger Taylor, Rufus, a la batería, y que para su segundo álbum contrataron al histórico productor de los primeros cuatro álbumes de Queen, Roy Thomas Baker.

Hasta a un ídolo como Mika se relaciona con Mercury, por su impresionante voz y la misteriosa mezcla de sus orígenes, que recuerdan la exótica cuna de Freddie.

Uno de los casos más sorprendentes es el de Foo Fighters de David Grohl. Pese a que, en estudio, las dos formaciones no tienen mucho que ver, en las actuaciones en vivo de este grupo proponen siempre temas de Queen y el rostro de Freddie campa sobre la batería de Taylor Hawkins. En Italia, que está culturalmente a años luz de la propuesta musical de Queen, cabe destacar a Cesare Cremonini, que en más de una ocasión ha buscado soluciones musicales que estuvieran, de alguna manera, a la altura de la *grandeur* de las de su ídolo Freddie Mercury.

La puerta del jardín de Garden Lodge, "homenajeada" por los fans de Freddie tras su muerte

GOD SAVE
FREDDIE

Brian May y Roger Taylor cuentan porqué, 25 años después, su trono sigue intacto. Freddie Mercury cantó muchas letras a lo largo de su vida, pero pocas tienen el valor de aquellas que, a principios de los años setenta, dieron vida con él a la aventura musical más fascinante de la música pop de los noventa.

Los Queen, nunca separados oficialmente tras la muerte de Mercury, se convirtieron en uno de los pocos grupos de la historia de la música que sobrevivieron otra mitad de sus carreras sin el que se consideraba –por unanimidad– el líder carismático del grupo. Pese a que para los fans y los neófitos estaba claro que la fuerza de los Queen residía en aunar la personalidad de todos los componentes (basta pensar en los evidentes límites de los proyectos solistas de los cuatro), es innegable que el verdadero foco de atracción había catalizado en su histriónico cantante considerado por la mayoría el mayor showman de la música pop.

"Creo que aquel aspecto había oscurecido en parte el hecho de que Freddie era, en primer lugar, un autor de canciones como no se había visto otro antes de su desaparición", insiste Roger Taylor. "Toda esa vertiente de animal escénico terminó por hacerle sombra a su increíble talento musical y a la genialidad de sus intuiciones. Probablemente, son factores que hubieran salido a la luz con el tiempo, tal vez con el declive de la carga imponente de su presencia física".

Por otra parte, había demasiados elementos golosos en la personalidad de Freddie Mercury para la curiosidad de la gente, y especialmente para los medios (en general, más atentos a los escándalos y a las provocaciones, que a la enorme calidad artística de Queen). "Siempre jugamos con factores que podían incomodar y crear polémicas en la prensa especializada, aunque no más que otros artistas de la época", añade Brian May. "Hay que recordar que, el momento en que nos enfrentamos al mercado fue uno de los menos lerdos y retrógrados de su historia. Gente como David Bowie había abierto sendas que parecían inimaginables unos años antes y, como él, en cuanto a provocaciones, otros habían ido mucho más allá que el mismo Freddie. Sin embargo, llegó un momento en que, tanto nosotros, como los periodistas, decidimos que nos iría mejor a todos si nos tolerábamos".

"FREDDIE ATRAVESÓ NUESTRO PANORAMA CULTURAL COMO UN COMETA CRUZA EL CIELO"

Liz Taylor

Efectivamente, aunque provocador y exagerado, Freddie Mercury no llegó al mundo del rock fulgurante como un rayo, sino que tuvo que escalar montañas a menudo más altas que otros artistas de la época. "Su voz se estaba formando definitivamente en aquel periodo y nuestra propuesta inicial, si bien ya era original, contenía inevitablemente elementos que remitían a grupos que admirábamos", prosigue el guitarrista. "Pero eran muchos quienes se obstinaban en ver nuestra música como algo exclusivamente derivativo y no innovador. No se bajaron del carro hasta *A Night At The Opera*, aunque al disco siguiente volvieron a las andadas. Primero

Una de las poses clásicas en concierto de Freddie, que se hizo célebre a la vez que sus cualidades artísticas

dijeron que copiábamos a otros, luego que nos habíamos quedado sin ideas y nos copiábamos a nosotros mismos".

El entusiasmo y la convicción de Freddie fueron fundamentales para superar el impás de aquellos primeros años y su visión musical, en teoría muy alocada y al límite de lo posible, fue la clave de la carrera del grupo. "El punto de inflexión lo marcó el tercer disco, que nació bajo los peores auspicios", cuenta Taylor. "John lo veía todo muy difícil, mientras que Brian estaba fuera de juego debido a una enfermedad. Cuando regresó, muchos de los temas del disco estaban terminados, incluida *Killer Queen*, escrita por Freddie, que nos hizo dar el salto a la popularidad."

"Para mí fue un momento muy delicado", confiesa May. "Mis padres seguían pensando que había cometido un gran error dejando la universidad y una enfermedad me hizo caer en

una fuerte depresión. En aquel momento, Freddie fue el aglutinador para todos nosotros. Creo que el grupo se hubiera podido derrumbar, pero al contrario, como suele ocurrir, utilizamos una situación crítica para decir: O ahora o nunca". Así, las circunstancias hicieron que hubiera una mayor injerencia de Freddie en los temas de *Shear Heart Attack*,

Dos caras de Freddie: intenso e introvertido, aunque también burlón consigo mismo y gracioso.

pero el futuro vería como el grupo se repartía los créditos de manera sustancialmente democrática, algo que sería uno de los puntales de Queen. Nadie discute que Mercury y May eran los polos en torno a los que se movían los otros dos, pero tanto Taylor como Deacon mostraron un gran talento como autores. “Somos de las pocas bandas de la historia en la que cada uno de sus miembros ha compuesto un tema que ha llegado al número uno. Éramos tan distintos e integrábamos tantas influencias que los matices de nuestra música fueron, durante mucho tiempo, algo difícil de definir. Puede que, al principio, ni nosotros mismos lo supiéramos muy bien. John tuvo que ponerse a escribir porque la ausencia de Brian nos obligaba a trabajar de un modo muy pesado, aunque tarde o temprano fueron saliendo los temas”.

El éxito creció de manera exponencial y, con ello, los problemas entre los miembros del grupo. “Siempre fuimos muy diferentes, lo que ha caracterizado, para bien y para mal, nuestra historia. Todo el mundo sabe que en el estudio discutíamos mucho, pero, a la vez, los respectivos egos eran un acicate para los demás”.

Tras las grandes dificultades internas de la banda a principios de los ochenta, regresó la armonía, favorecida por otro de los momentos cumbres de su carrera: el Live Aid. “Estamos con-

Irónico fotograma del rodaje de *I'm Going Slighty Mad*

vencidos de que nos hubiéramos reencontrado en el futuro, aunque en aquel momento representó una aceleración enloquecida", coinciden en señalar Taylor y May. "Fue el inicio de una fase de una gran serenidad interior: aunque en el estudio todos teníamos aún mucho que decir, y ante cada obstáculo, la edad había aportado algo distinto. Lástima que fuera también el final de nuestra vida juntos."

La desaparición del amigo, aunque anunciada, fue devastadora. Años después, en un arranque de sinceridad, Brian May declaró en una entrevista que incluso había pensado en el suicidio durante los meses siguientes a la muerte de Freddie, a la que se sumó la de su amado padre poco tiempo antes. "Sí, desgraciadamente, mi temperamento tiende a generarme estados de ánimo incómodos, que pueden con mi voluntad. Aquel fue uno de los momentos más delicados de mi vida, con aquellos lutos horrorosos que no lograba elaborar, y con una oscuridad que amenazaba con engullirme en cualquier momento". May y Taylor buscaron consuelo en lo único que se lo podía proporcionar: componer música, aunque fuera por separado. Regresaron pronto al trabajo, primero Brian, que llevaba tiempo deseando terminar su primer trabajo solista, *Back To The Light*. El álbum contenía también la primera versión oficial en estudio de *Too Much Love Will Kill You*, el tema pre-

Freddie con su acicalada imagen de los años ochenta. Encima: Roger Taylor

sentado en primicia mundial en versión para piano y voz en el Freddie Mercury Tribute Concert. "Fue un momento dramático. Por un instante, me di cuenta de todo lo que había pasado y se me hizo un nudo en la garganta. La toqué también en la primera edición del Pavarotti & Friends, y luego la publicamos en *Made In Heaven* porque teníamos una demo grabada con Freddie de los tiempos de *The Miracle*. Algunos hacen una lectura siniestra y macabra de la letra, como si fuera una referencia explícita a la enfermedad, pero no lo era. Se refería a mí, y a la época que pasé a finales de los ochenta, aunque entonces pensé que podía ser la mejor manera de rendirle homenaje". Tras años de especulaciones acerca del regreso junto a misteriosas estrellas del rock, del calibre de George Michael primero, y Elton John después, el deseo de componer juntos llevó a los tres supervivientes a trabajar en un último álbum a nombre de Queen. "Fue realmente extraño", empieza diciendo Roger. "El clima era surreal y, al principio, trabajábamos los temas solo John y yo. Luego llegó Brian y le dio una impronta fuerte al disco, señal que todos queríamos dar el máximo en el que sería nuestro epitafio".

John Deacon, el callado de los Queen

No fue un epitafio, tras haberse enfrentado a la pérdida con un primer tema explícitamente dedicado a Mercury, los tres se centraron de nuevo en el grupo y se embarcaron en proyectos concebidos para determinar el interés de los fans. Fue durante la elaboración de uno de esos proyectos, la versión de *We Are The Champions* junto a Robbie Williams para el filme *Corazón de*

SPIKE EDNEY

EL QUINTO QUEEN RECUERDA A FREDDIE

El mundo del rock está lleno de personajes que no pasarán nunca a la historia, pero cuya importancia –en la economía de un grupo– será siempre incalculable. Trabajando a solas en la sombra y sin asomo de divismo, el multinstrumentista Spike Edney ha trabajado durante 30 años con los Queen, contribuyendo a su prestigio como la mayor maquinaria de ofrecer conciertos que jamás ha existido.

Aunque Edney no participaba en la fase de escritura, ni en la grabación de los temas, todos los conciertos a partir de la gira de *The Works* (los más imponentes que concibió la banda de Mercury), y todas las encarnaciones de Queen tras la muerte de su líder, lo tuvieron como protagonista en el escenario.

"Estuve a su lado en la gira *The Works* y viví la experiencia más increíble de mi vida con *Magic Tour*, aunque no participé en los trabajos de estudio. Fui un buen músico de gira y ya está". Sin embargo, la banda no le consideró jamás un simple músico de concierto. "Los chicos siempre me hicieron sentir uno más, y aquellos años siguen siendo un orgullo para mí. La gente empezó a verme en el vídeo de Budapest y, probablemente, se preguntaba quién era aquel desconocido que tocaba con los Queen. Luego, el *Magic Tour* tuvo tanto éxito que em-

pezaron a reconocerme". El grupo inglés era conocido por no llevar coros ni otros músicos al escenario, aunque la complejidad de algunos temas hiciera aconsejable lo contrario. Gracias al experto uso del *delay*, Brian May conseguía reproducir las partes musicales más complicadas, mientras Freddie Mercury y Roger Taylor perdían la voz en coros imposibles de repetir cada noche, durante meses. Con el tiempo se impuso la necesidad de una ayuda y, si se están preguntando quién es el hombre que se cuela de vez en cuando en la pantalla en los vídeos del grupo, se trata del señor Spike Edney, para todos, el quinto miembro de Queen. "El hecho de que me consideren como tal me enorgullece y me alegra. Aunque no podré considerarme jamás un miembro de Queen, no poseo ni de lejos su genialidad".

De su época junto a Mercury, su primer recuerdo es para el hombre, antes que para la estrella. "Era generoso y siempre tenía tiempo para todos, aunque también necesitaba la soledad. Durante las giras, no podíamos salir a pasear por las ciudades que visitábamos. Los fans abrazaban a Freddie en cada esquina, todos tenían algo que decirle o pedirle, y era imposible moverse. Pasábamos el rato jugando y bebiendo champán. A Freddie le encantaba jugar al Scrabble, le volvía loco e intentaba desafiar a cualquiera a una partida". Curiosamente, las post-actuaciones de Queen fueron famosas por motivos muy distintos, y Edney precisa: "Cuando hablo de champán, hablo de litros de champán y no es que en nuestro entorno solo hubiera jugadores de Scrabble, entendámonos bien. Sin embargo, las auténticas locuras ya pertenecían al pasado y el grupo empezaba a ser más maduro, aunque recuerdo que el 40 cumpleaños de Freddie fue una celebración tal, que la gente pensaba que se había desencadenado la Tercera Guerra Mundial. No creo que pueda haber nada similar a él, o a Queen".

Sugerente imagen del vídeo *It's A Hard Life*

Caballero, cuando las relaciones del grupo con Deacon se rompieron definitivamente. Nadie sabe bien qué ocurrió, pero es un hecho que en el estudio entró un terceto y luego salió un dueto. A partir de ese instante, Brian y Rogers se escudaron en frases de circunstancia ("Ha querido permanecer al margen, pero está de acuerdo con nosotros en todo"), mientras el bajista borraba sus huellas y se convertía en protagonista de uno de los misterios más insondables del rock británico.

Tras años de sustancial inactividad, a principios del nuevo milenio la máquina del directo de Queen reapareció con gran pompa, pero inicialmente solo estaban Brian y Roger para mantener el estandarte. Fueron memorables sus actuaciones para el Jubileo de la Reina, los

"Cuando Freddie murió, me hundí en una depresión tan aguda que pensé durante tiempo en el suicidio"

BRIAN MAY

conciertos de Mandela, y el baño de multitudes de Módena en la última edición de Pavarotti

& Friends. "Quizás esas tres actuaciones nos confirmaron que la gente aún quería cantar con nosotros los temas de Queen, aunque tocarlos sin Freddie fuera desgarrador", añade May. El siguiente paso fue recabar la colaboración del legendario Paul Rodgers, con el que hicieron dos giras mundiales de éxito y el álbum de inéditos *The Cosmos Rocks*, bastante ignorado y aún menos comercializado. "Sencillamente, la EMI boicoteó el disco", exclama Roger. "Sigo pensando que es un álbum que habría que recuperar. La historia con Paul no acabó por eso, hubo unos malentendidos y, además, él era cantante de blues, creo que fue justo que nuestros caminos se separaran".

El mundo habló de la sustitución de Freddie, lo que enfureció al grupo, cuya intención era continuar con distintos cantantes que actuaran como meros enlaces entre la historia

Freddie vence a Darth Vader

Freddie en el estudio, en los años ochenta

del grupo y su presente. "Ninguno de nosotros hubiera aguantado una gira mundial cantando cada noche todas las canciones", admite honestamente el guitarra. "La idea era un poco la de los tiempos del homenaje a Freddie: que los amigos nos ayudaran a seguir nuestra historia". La última colaboración, en términos cronológicos, fue con Adam Lambert, joven cantante estadounidense que quedó segundo en la octava edición del *talent show American Idol.* Su encuentro con los dos futuros compañeros de grupo sucedió durante el célebre programa norteamericano, donde actuaron juntos. Como

siempre que la banda había decidido seguir su camino con un nuevo cantante, las críticas no tardaron en hacerse oír. "Cada vez es como la primera, cuando anunciamos que queremos colaborar con alguien, nos inundan a opiniones de lo más discordantes: por una parte, nos dicen que estamos traicionando el alma de Freddie, y a la vez nos agradecen la posibilidad de cantar de nuevo ciertas canciones en directo. Creo que esto no se acabará jamás, y en el fondo me he resignado". La amargura aflora en las palabras de May que, a fin de cuentas, en el momento de la muerte de Mercury, estaba en plena madurez física y artística. "¿Qué teníamos que haber hecho?", interviene Taylor. "Éramos todos jóvenes y la desaparición de Freddie nos obligó a algo que, a la larga, hubiera ocurrido igualmente. Sabíamos de su enfermedad desde tiempo atrás, y él mismo nos repetía que no debíamos dejar de tocar. Desde fuera, se tiende a idealizar las cosas y a sacarlas de contexto". Aceptado con menos entusiasmo por parte del público, que habría preferido a otra estrella mundial como Rodgers, Lambert ha sabido ganarse la estima de muchos de los que le habían criticado por copiar a Mercury. Pese a algunas de sus declaraciones sobre la altura de las notas que alcanza Adam Lambert, que hicieron montar en cólera al núcleo duro de los fans del grupo,

Brian May y Roger Taylor en el Imperial College de Londres, donde los Queen dieron sus primeros pasos

May y Taylor reciben el PRS de Music Heritage Award

Brian May insiste en que su intención nunca fue compararlo con Freddie. Quería que la gente comprendiera que elegirle no había sido ningún error. "Aún hoy, analizan y segmentan todas nuestras declaraciones hasta el mínimo detalle y, a ratos, me siento un poco estúpido, cuando caigo en ciertas trampas. No estoy loco, está claro que no quería decir que Adam es mejor que Freddie, ni compararlos siquiera. Solo quería explicar que su estilo vocal casa mejor que otros con nuestros temas, y creo que esto lo han escrito todos los que han asistido a un concierto junto a él. También en el mundo del metal hay cantantes capaces de alcanzar notas imposibles, más incluso que Freddie, pero si la grandeza de un artista se midiera así, bueno... probablemente tendríamos que reescribir la historia de la música. Freddie era único, porque unía un timbre reconocible al instante, con una gran capacidad para utilizar una voz fuera de lo común. Además de ser un genio absoluto de la música. Pensemos en su manera de tocar el piano, rompía esquemas y era personal como pocos, ahí no intervenía la

Brian May con Paul Rodgers y Adam Lambert

El emblema ideado por Freddie se modifica para celebrar los cuarenta años de reinado

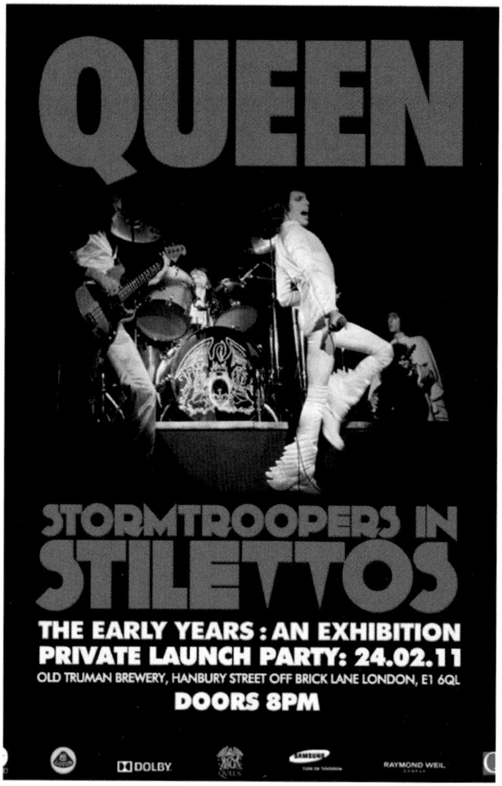

voz, pero en cuanto le oías tocar sabías que era él. Ese es un aspecto suyo que no se recuerda tanto como debería. Se tiende a banalizar a personajes con miles de almas como él, para centrase solo en los aspectos que muestran las portadas de la prensa sensacionalista".

"Ninguno de nosotros sabe de veras qué pensaría Freddie de todo esto", concluye Robert Taylor. "Tampoco sabe nadie si los Queen seguirían juntos. Son discusiones totalmente intrascendentes. Lo único que sé es que el destino nos obligó a elegir, cuando nunca hubiéramos querido hacerlo. Hoy por hoy, sin embargo, los Queen siguen siendo Freddie Mercury, John Deacon, Brian May y Roger Taylor: si queríais una certeza, ahí la tenéis".

BIBLIOGRAFÍA

Diemoz, Christian; *Le Canzoni di Queen*. Roma: Runtini, Roma, 2003.

Jackson, Laura; *Freddie Mercury*. Bolonia: Odoya, 2011.

Jones, Lesley-Ann; *I Will Rock You – Freddie Mercury: la biografia definitive*. Milán: Sperling & Kupfer, 2012.

Gunn, Jacky, y Jenkins, Jim; Queen. La biografia ufficiale. Roma: Arcana, 1992.

Hince, Peter; *Queen Unseen*. Roma: Arcana, 2012.

Mercury, Freddie; *Su vida contada por él mismo*. Ma Non Troppo ediciones, 2007.

Hodkinson, Mark; *Queen*. Florencia: Giunti, 2013.

Primi, Michele; *Queen*. Florencia: Giunti, 2008.

Purvis, George; *Queen. Le canzione, gli album, i concerti, i video, la carriera: l'enciclopedia definitiva*. Roma: Arcana, 2013.

Saint Michael, Mick; *Queen: We Are The Champions*. Gammalibri, 1993

SITIOS WEB

www.queenlive.ca
www.comunitaqueeniana.weebly.com
www.queenheaven.it
www.freddiemercury.com
www.queenonline.com
www.queenconcerts.com

SOBRE BOHEMIAN RHAPSODY (LA PELÍCULA)

Dirigida por Dexter Fletcher, el film narra la fascinante historia de Freddie Mercury y de Queen. Está protagonizado por Rami Malek –que da vida al cantante del grupo– y su estreno mundial ha supuesto un acontecimiento musical de primer orden.